中國商業史

王孝通 著

民國滬上初版書·復制版

中國商業史

王孝通 著

上海三联书店

图书在版编目(CIP)数据

中国商业史 / 王孝通著. ——上海:上海三联书店,2014.3
(民国沪上初版书·复制版)
ISBN 978-7-5426-4573-9
Ⅰ.①中… Ⅱ.①王… Ⅲ.①商业史—中国 Ⅳ.①F729
中国版本图书馆 CIP 数据核字(2014)第 029697 号

中国商业史
著　　者 / 王孝通
责任编辑 / 陈启甸 王倩怡
封面设计 / 清风
策　　划 / 赵炬
执　　行 / 取映文化
加工整理 / 嘎拉 江岩 牵牛 莉娜
监　　制 / 吴昊
责任校对 / 笑然
出版发行 / 上海三联书店
(201199)中国上海市闵行区都市路 4855 号 2 座 10 楼
网　　址 / http://www.sjpc1932.com
邮购电话 / 021-24175971
印刷装订 / 常熟市人民印刷厂

版　　次 / 2014 年 3 月第 1 版
印　　次 / 2014 年 3 月第 1 次印刷
开　　本 / 650×900　1/16
字　　数 / 260 千字
印　　张 / 22.5
书　　号 / ISBN 978-7-5426-4573-9/F·666
定　　价 / 110.00 元

民国沪上初版书·复制版

出版人的话

如今的沪上，也只有上海三联书店还会使人联想起民国时期的沪上出版。因为那时活跃在沪上的新知书店、生活书店和读书出版社，以至后来结合成为的三联书店，始终是中国进步出版的代表。我们有责任将那时沪上的出版做些梳理，使曾经推动和影响了那个时代中国文化的书籍拂尘再现。出版“民国沪上初版书·复制版”，便是其中的实践。

民国的“初版书”或称“初版本”，体现了民国时期中国新文化的兴起与前行的创作倾向，表现了出版者选题的与时俱进。

民国的某一时段出现了春秋战国以后的又一次百家争鸣的盛况，这使得社会的各种思想、思潮、主义、主张、学科、学术等等得以充分地著书立说并传播。那时的许多初版书是中国现代学科和学术的开山之作，乃至今天仍是中国学科和学术发展的基本命题。重温那一时期的初版书，对应现时相关的研究与探讨，真是会有许多联想和启示。再现初版书的意义在于温故而知新。

初版之后的重版、再版、修订版等等，尽管会使作品的内容及形式趋于完善，但却不是原创的初始形态，再受到社会变动施加的某些影响，多少会有别于最初的表达。这也是选定初版书的原因。

民国版的图书大多为纸皮书，精装（洋装）书不多，而且初版的印量不大，一般在两三千册之间，加之那时印制技术和纸张条件的局限，几十年过来，得以留存下来的有不少成为了善本甚或孤本，能保存完好无损的就更稀缺了。因而在编制这套书时，只能依据辗转找到的初版书复制，尽可能保持初版时的面貌。对于原书的破损和字迹不清之处，尽可能加以技术修复，使之达到不影响阅读的效果。还需说明的是，复制出版的效果，必然会受所用底本的情形所限，不易达到现今书籍制作的某些水准。

民国时期初版的各种图书大约十余万种，并且以沪上最为集中。文化的创作与出版是一个不断筛选、淘汰、积累的过程，我们将尽力使那时初版的精品佳作得以重现。

我们将严格依照《著作权法》的规则，妥善处理出版的相关事务。

感谢上海图书馆和版本收藏者提供了珍贵的版本文献，使“民国沪上初版书·复制版”得以与公众见面。

相信民国初版书的复制出版，不仅可以满足社会阅读与研究的需要，还可以使民国初版书的内容与形态得以更持久地留存。

2014 年 1 月 1 日

中國商業史

王孝通著

中華民國二十五年十二月初版

序

我國開化四千年，爲世界文明之古國。今人所指爲歐、美商政之最新者，如「經濟統制」、「法幣政策」等，我國古代之舊政，已發其端。終以政教不修，失其故步，而薦紳先生咸茫昧而莫知其原，是亦綴學者之恥也。近年以來，苛捐雜稅雖除，而商困未蘇，顯宦雖多商人，而商業不振，其故何哉？蓋商業以政治之治、亂爲盛、衰，國勢隨商業之盈、虛而隆、替。我國今日外受強鄰經濟之侵略，人爲刀俎，我爲魚肉，國勢阽危，甚於疇昔；內則政刑未修，寇盜充斥，農村破產，市井蕭條，及今不圖振興之術，轉瞬之間，神州商業，將絕於天壤。然欲振興商業，必先研究我國商業史。本書凡三編，共二十三章，都十萬言，雖疏漏尚衆，而於歷代商業盛、衰之蹟，大致略具。凡政治修明者，商業必盛；政治窳敗者，商業必衰；商業盛者其國罔不興，商業衰者其國罔不亡；盛、衰，興、亡之間，絲毫不爽。嗚呼，世之論治者，可以鑒矣！

民國二十五年十月二十五日著者識於滬濱

目錄

第七章　唐之商業……九九

第十二章　元之商業……一四七

第三編　近世商業及現代商業……一八五

中國商業史

緒論

我國爲世界文明之古國，神農、黃帝之間，商業規模已備。綜計世界諸國，惟埃及開國，較我爲先；他若希伯來、腓尼基、巴比倫等世所稱爲商業發達最早者，猶俱在我國之後；至如近世著名商業國之歐、美諸邦，當時商業，尚未萌芽，而我國今日反不能立足於商戰舞臺者，其原因有四：

一、物產之豐盈　我國地處温帶，氣候寒燠適宜，黃河、揚子江流域，物產殷饒，人民無俟外求，力農足以自給，故中古以上，人民多老死不相往來，而競爭之念自絕。競爭爲進步之母，無競爭則無進步，此爲商業不發達之第一原因。

二、交通之阻梗　西哲有言『水性使人通，山性使人塞。』我國多高山峻嶺，道路阻梗，古所謂中國僅中原片壤，交通既已不廣，東南海岸線又復不長，故航海貿易之事業，未能振興，此爲商業不發達之第二原因。

三、歷代之賤商　我國賤商之習，相沿已久，商業知識，殊甚幼稚，卽有一二豪商富賈，亦皆市井駔儈之徒，故有志之士，多鄙而不屑，此爲商業不發達之第三原因。

四、資本之淺薄　我國歷代營商者，多係個人之資本，鮮聞合力經營之事業，是以見小利則趨，遇小害則輟，無進取之毅力，乏冒險之精神。國家既無獎勵，而反屢事挫抑之，此爲商業不發達之第四原因。

綜此四因，我國雖早入商業時期，而言進步，則甚遲滯。歐、美、東瀛，反以後起之秀，凌駕神州之上，內地商權，漸多外奪。故在今日而言中國商業之歷史，殆亦一不完全之歷史而已，一商戰失敗之歷史而已，可慨也夫。

第一編　上古商業

第一章　自黄帝迄唐虞時代之商業

第一節　商業之起源

我國北部爲黄河流域，多豐沃之地，漢族自西北方移居於是，人口漸次繁殖，建諸部落。人類既蕃，則需要愈多，知識漸開，則慾望愈奢，於是交易之途啓。中國之地，宜於農桑，其時男務耕耘，女勤蠶織，以爲衣食之原，而用以互相交换，農有餘粟，則以易布，女有餘布，則以易粟，此交易之始也。既有交易，於是市因以立。易繫辭曰：『庖犧氏沒，神農氏作，列廛於國，日中爲市，致天下之民，聚天下之貨，交易而退，各得其所，』是卽市之起源也。市廛既立，交易益便，於是有貯藏以待人之需要者，是爲商業。

買於彼而賣於此，爲交易之媒介，取小利以營生，古所謂逐什一之利者，是以商爲業之始也。從字義而言，漢書謂『通材鬻貨曰商。』白虎通云『商之爲言章也，章其遠近，度其有亡，通四方之物，故謂之商也。賈之爲言固也，固其有用之物，以待民來，以求其利者也，故通物曰商，居賣曰賈，』此卽商人之類別也。

第一款　神農時代之人民生計

神農之時，興耕織，（文子神農之法曰「丈夫丁壯不耕，天下有受其饑者，婦人當年不織，天下有受其寒者，故其耕不強者無以養生，其織不力者無以衣形。」）食鹽利，（說文「天生曰鹵、人造曰鹽、古者夙沙初作煑海爲鹽，河東鹽池袤五十一里，廣七里，周百十六里」）生產事業，漸臻繁盛，商業因之勃興，於是立市以供交易，使貿遷有無者，依期而至，財貨流通，厚生利用。無食者與之陳，無種者貸之新，故無什倍之賈，無倍稱之民，當時商政，於此可見一斑矣。

第二款　黃帝時代之商業

第一項　政權之統一

黃帝以前，中國爲部落時代，此疆彼界，畛域攸分，每有爭端，訴諸武力。黃帝以雄武之才，修道路，習干戈，敗榆罔於阪泉，擒蚩尤於涿鹿，東至海，西至崆峒，南至江，北逐葷粥。（當時疆域之範圍，是現在大江以北，黃河以西，隴蜀以東，長城以南。）建統一之政府，畫野分州，得百里之國萬區，命匠營國邑，置左右大監，監於萬國，萬國以和。黃帝以軍國主義立國，豐功偉烈，彪炳寰區，其威靈所至，皆商業上勢力範圍之所及也。

第二項　工業之振興

神農之世，農業雖已萌芽，而民生日用之物，猶多未備。至黃帝時，工藝大興，帝之所作，有冕旒，有宮室，有釜甑，有弩。隸首定數，倉頡作書，伶倫造律呂，伯余作衣裳，於則作扉履，雍父作杵臼。命寧封爲陶正，赤將爲木正，以利器用。揮作弓，夷牟作矢，以威天下，共鼓化狐刳木爲舟，剡木爲楫，以濟不通；邑夷法斗之周旋，作大輅以行四方，由是車制備，服牛乘馬，引重致遠，而天下利矣。

第三項　貨幣之推行

神農以來，易中之法，漫無標準，山居者以皮，水居者以貝；皮若割裂則不完，貝則攜帶而不便，皆足以阻礙商業。至黃帝時，上有丹沙，下有黃金，上有慈石，下有銅金，上有陵石，下有赤銅，乃燒山林，破曾藪，焚沛澤，逐禽獸，範金爲貨，制金刀，（鑄金成幣，以象刀形，）立五幣，（珠玉爲上，黃金爲中，刀布爲下，）而泉幣興矣。

第四項　度量衡之制定

太古之時，淳樸不爭，交易之間，民不求豐，及民智漸開，詐僞遂來，不有以定其標準，則強者淩弱，智者欺愚。自黃帝命隸首作算數，度量衡由是而成，度以定長短，量以定大小多寡，衡以定輕重，所以平天下之爭，而昭天下以信也。

第五項　商政之修明

黃帝治天下，田者不侵畔，漁者不爭隈，市不預賈，道不拾遺，城郭不關，邑無賊盜。商旅之人，相讓以財，商人得以安心營業。又恐商賈輻輳之區，或有意外之警，使重門擊柝，以禦暴客，保商場之安謐，佐商業之發達。

第三款　堯時之商業

淮南子曰：『堯之治天下也，水處者漁，山處者木，谷處者牧，陸處者農，地宜其事，事宜其械，械宜其用，用宜其人，澤臬織罔，陵阪耕田，得以所有，易其所無，以所工，易其所拙，』由是觀之，則分業之制，已始於陶唐氏之時矣。蓋唐堯之時，民業分而地力盡，遠出羲農之上，書所謂『黎民於變時雍』者，蓋卽指此。至於有無工拙，互相爲用，則商業之盛，固與農工漁牧諸業，相輔並進矣。

第四款　舜時之商業

虞舜微時，耕歷山，歷山之人皆讓畔，漁雷澤，雷澤之人皆讓居，陶河濱，河濱之品不苦窳。至於所居之地，一年成聚，二年成邑，三年成都，史稱舜作什器於壽邱，（在魯東門外今曲阜縣）就時於負夏，（衞地）頓邱買貴，於是販於頓邱，（今山東、曹州府）傳虛賣賤，於是債於傳虛（今山西、解州府）後世商人乘時逐利，買賤賣貴，及以信用借貸之事，舉權輿於大舜，治商業者，不可不知也。舜以實業起家，故其治國亦以商業爲重，家語曰『舜彈五絃之琴，歌南風之詩，其詩曰，南風之薰兮，可以解吾民之慍兮，南風之時兮，可以阜吾民之財兮，』風之阜財，世人多不得其解，鹽法議略云『河東鹽地，無待人工，當夫夏令甫屆，薰風時來，附岸池面，綴珠凝脂，鹽顆自結，虞帝所歌薰風阜財，蓋則指此而言。』案舜都於蒲坂（今山東、蒲州府）密邇解州，鹽莢之利，故所素稔，至於關心民食，形諸歌詠，則舜之注重商業，又非獨徵時爲謀生之計矣。

第二節　貨幣之起源

我國古代人民，多住河海之濱，故其用貝爲最著。考說文貝字註云『貝海介蟲也，居陸者贆，在水者蜬，古者貨貝而寶龜。周而有泉，至秦廢貝用錢。』此說若確，則用金屬爲貨幣，實自周始，前此實皆用貝，卽周代亦不過貝錢並用，貝之不爲幣，實自秦始耳。今考諸說文所示之訓詁，凡文字上與財富有相關者，皆從貝字，如負財貢貸貧貨貪貫貯貰貲賂贈賜賒購責買賣等字，無不從貝者，則古代以貝爲貨幣，其事甚明矣。且古代又有以爲貝代表百物者，說文員字下云『員物數也，從貝，』金壇段氏釋之曰『從貝者，古以貝爲貨物之重者也，』然則古代以貝指物貨，問人之富，則數貝以對，古之用貝者，皆累而貫之。說文毌字下云『穿物持之也，從一橫毌，毌象寶貝之形，貫字下云從毌貝，古者以二貝爲一朋。』漢書食貨志云『大貝壯貝么貝小貝皆以二枝爲一朋，』詩小雅『旣見君子，錫我百朋。』蓋當時用貝爲本位制之時代甚長，至周猶有貝明矣。然史稱伏羲氏聚天下之銅，以爲棘幣，外員法天，內方法地，以蓋輕重，以適有無，而錢幣自此始矣。太昊氏高陽氏謂之金，有熊氏謂之貨，神農氏列鄽於國，以聚貨帛日中爲市，以通有無，黃帝氏作，立貨幣以制國用，財用自是作，至陶唐氏則謂之泉，夏禹鑄歷山之金，以救水災，商湯鑄莊山之金，以救旱災，民賴以不困，以至成周，太公始立九府圜法。夫由前之說，則周時始有泉，秦時始廢貝用錢；由後之說，則伏羲氏時代已聚銅爲幣，二說矛盾，不知孰信，蓋秦火以降，書史散佚，後世傳述，每多增益附會其說，有以致之耳，固未可以深信也。

第三節　度量衡之起源

太古之時，尺度之器未興，大抵以手指臂爲準，故布指知寸，伸臂知尺。數起於髮，十髮爲程，十程爲分，十分爲寸，十寸爲尺，尺所以爲標目規矩也，尺者識也，言所識也。古者寸尺咫尋仞丈諸度量，皆以人體爲法，八寸爲咫，（婦人手大率八寸）列子曰：『其長尺有咫。』即謂一尺八寸也。度深曰仞，度廣曰尋，尋與仞皆人伸兩手以度物之謂，而尋爲八尺，仞爲七尺，蓋人同一伸手而用之廣深，其勢自異，以度廣者其勢全伸而不屈，以度深者則上下其左右手而側其身，身側則胸與所度之物不能相摩，兩手不能全伸，而成弧形，弧而求其弦以爲仞，則不及八尺而爲七尺矣，此自然之理也。考工記廣二尋深二仞謂之澮，此卽尋仞之分別也。十尺爲丈，然以人體爲標準，每有舛謬，於是必以物爲標準焉。黃帝旣製律數，始知萬事本於黃鐘，六律準諸秬黍，以一黍之廣度之，九十黍爲黃鐘之長，一黍爲一分，十分爲寸，十寸爲尺，十尺爲丈，十丈爲引，爲度之數。量之大小，以黍爲準，容千二百黍者爲龠，二龠爲合，十合爲升，十升爲斗，十斗爲斛，爲量之數。衡之輕重，亦以黍爲準，百黍之重爲銖，十黍爲絫，十絫爲銖，二十四銖爲兩，十六兩爲斤，三十斤爲鈞，四鈞爲石，爲權衡之數。度本於律，權衡本於度，後之言度量衡者，莫能外也。

度量衡者，所以徵信而齊萬物也，度量衡不一，則民疑而法弊。故虞書曰『同律度量衡，』孔子曰『謹度量，審法度，四方之政行焉。』蓋建國經而立民極，無大於度量衡者。後世官民假度量衡以行其私，遂致制度淆亂，難於劃一矣。

第四節　製造業及加工業

中國文明之發達最早，故各種之製造業多傳諸古代。考黃帝、堯、舜時代，製造品之重要者有四：（一）絲，史曰『西陵氏之女螺祖爲黃帝元妃，始教民育蠶，治絲繭以供衣服，而天下無皴瘃之患，後世祀爲先蠶。』蠶織之事，傳諸後世四千餘年，至今我國之蠶業尚爲外人所稱贊。（二）指南車，史稱『黃帝戰蚩尤，蚩尤作大霧，軍士昏迷，黃帝乃作指南車以示四方，遂破蚩尤於涿鹿之野。』後世指南針之作，蓋卽倣此。今日歐洲之航海貿易事業，由於指南針，其制蓋傳自中國者也。（三）磁器，陶器之制，由來已久，古者凝土以爲器，以土爲體，以水爲用，是蓋土器也。其後發明燒煉之術，而瓦器成，瓦器之精細者，則爲磁器，亦中國之特產製造物，史稱舜陶於河濱（今山東、東昌府館陶縣陶丘）河濱之器不苦窳，是陶業之發明，在於舜時，至周而陶人設有專官矣。（四）漆器，史稱『舜造漆器，諫者七人，』是漆器之製，始於舜也。

第二章 夏代之商業

第一節 洪水與商業之關係

史稱：『帝堯之時，洪水逆行，氾濫於中國，蕩蕩懷山襄陵，蛇龍居之，民無所定，下者爲巢，上者爲營窟。』然木處而顛，水處而病，則生命尙難保存，農商之業，益蕩然可知矣。禹在外十三年，導山導水，然後人得平土而居之，洪水之害以除，後世無不稱禹之功。然洪水有害於當時之商業，固不待言，而洪水有益於商業者，亦有二焉：

(一)因洪水之氾濫於地，而農林之業益厚也。蓋洪水退後，其所挾與俱來之肥料，尙留於地表，可以省灌漑之勞，而地味之豐腴，於農作業上有絕大利益，轉勝於未經洪水之前。此其例不僅中國有之，埃及之尼羅河每年氾濫，居民恆避居山上，水退乃下而種田，然田之成熟，速而且豐，以其土力厚也。觀尚書所載，則曰「湯湯方割，如喪考妣，」而其後乃有康衢擊壤，帝力何有之歌，一若含哺鼓腹而不知凶災者，是則洪水退後之所得，償其所失而有餘也。

（二）因洪水之顚連，而交通益以進步也。洪水未平之時，人莫得平土而居之，獸蹄鳥跡之道，交於中國，則其時無所謂交通，直禽獸之世界耳。蓋水與陸混，而陸幾併於水，中國本重陸上交通，於水上交通素未研究，至是而始注意，如乘車乘橇之類，於泥行亦發明一種交通之利器。且禹因十三年在外，胼手胝足，跋涉山川，逾越險阻，發現新路線甚多，爲後世開交通之利者，蓋亦不少。禹貢所言之貢道，皆新路線也。

第二節　禹時之疆域及商業之中心

禹既平水土，奏庶艱食鮮食，卽以懋遷有無化居爲訓，足見大禹治水之後，卽以通商爲要圖。洪水既平，交通便利，因之各地商業一時勃興，而當時帝都在冀州，則冀州爲商業之中心，八州之商旅，無不以冀州爲歸宿，故禹既平水，卽將其疆域區分爲九州，而定其入貢之道路。冀州三面距河，故是時各州之貢道，皆以達河爲至。兗州浮於濟漯，達於河；青州浮於汶，達於濟；徐州浮於淮泗，達於河；揚州沿於江海，達於淮泗；荆州浮於江沱、潛漢，逾於洛至於南河；豫州浮於洛，達於河；梁州浮於潛，逾於沔入於渭，亂於河；雍州浮於積石，至於龍門、西河，會於渭汭。蓋每州均有舟楫之利，此貿遷之所以盛也。茲考禹時所定九州，證以現今地方，便可知禹時之商業，已所及甚遠矣，今圖示如下：

冀州　山西、河北省境（滄縣、河間、冀縣以南一帶平原不是）暨河南省黃河以北，遼甯西端，渤海北岸一帶之地。

兗州　河北省東南境，古大河流域暨山東省西部平原。

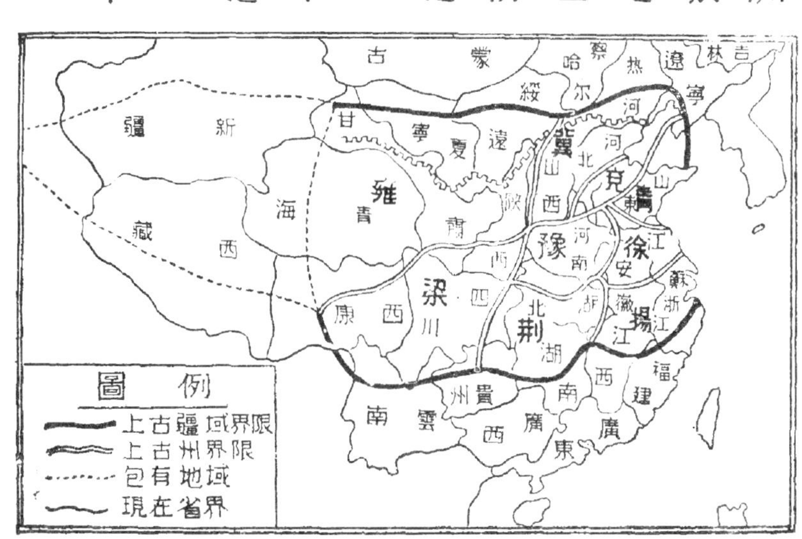

青州　泰山脈北，渤海東南緣邊，山東，遼東兩半島之地。
徐州　蘇、皖兩省淮域，及山東省南部。
揚州　蘇、皖南境，贛、浙北境，大江流域。
荊州　荊山南，衡山北，兩湖省境，延及江西省西北端，北極豫西伏牛、嵩山間，而探淮域一部。
豫州　河南大部，湖北北端，與山東西南端，陝西東南端也。
梁州　陝、甘南境，及四川、西康。
雍州　陝、甘、甯、青、新五省境，及於康、藏之地。

第三節　禹貢之商品

禹既十三年在外，則於土地之肥瘠，物產之多寡，罔不周知，遂別爲九州，任土作貢，而於禹貢一書，述當時物產之盛，羅列無遺，今舉其產品及出產地如左：

八州產物

- 兗州：漆…絲…織文（錦綺之屬）
- 青州：鹽…絺（細葛）…海物…絲…枲（麻）…鉛（錫也）…松…怪石
- 徐州：翟（雉名）…桐（可爲琴瑟）…磬
- 揚州：金三品（金、銀、銅）…瑤琨（美石似玉）…篠簜（竹）…齒（象牙）…革（犀兕之革）羽（鳥羽）毛（獸毛）…木（楩梓豫章之屬）
- 荊州：羽毛齒革…金三品…杶榦栝柏（榦柘木之可爲弓榦者）…礪砥（磨石）砮（石中矢鏃）…丹（朱類）…箘簬（美竹）楛（中矢榦）…菁茅（祭祀縮酒，縮酒者，束茅立之，酒沃其上，若神飲之，一茅三脊曰菁）玄纁（絳色幣）…璣（珠類）…組（綬類）…大龜
- 豫州：漆…枲…絺紵（紵麻也）…纖纊（錦之細者）…磬錯（治磬之錯）
- 梁州：璆（玉名）…鐵…銀…鏤（剛鐵）…砮磬…熊羆狐狸織皮
- 雍州：球琳（美玉名）…琅玕（石似玉）

四夷產物
北　鳥夷皮服（以鳥獸之皮爲服）
東　萊夷檿絲（山桑之絲堅韌爲琴瑟絃者）
南　淮夷蠙珠（蠙蚌之別名）……魚……玄（黑繒）……纖縞（白繒之細者）
　　南島夷卉服（葛布之服）……織貝（錦名織爲貝文）……橘柚
西　崑崙、析支、渠搜諸戎織皮（皮衣）

就以上所列舉者觀之，則夏禹之時，本部九州之內，商業既已發達，而本部與外部之交通，亦漸萌芽，商業之蒸蒸日上，實爲黃帝以降第一新時期也。禹在位時，兩會天下諸侯，其一會於塗山，其二會於會稽，執玉帛者萬國。玉爲五等之圭，而帛則爲玄纁黃三色之幣，觀當時朝會之盛，則商業交易之繁榮，可以知矣。

第四節　大夏之衰亡

禹確立傳子之定法，事出創舉，舉國疑之，甘之戰，啓卒滅有扈，而傳子之局遂定。數傳至太康無道、后羿、寒浞相繼而起，至桀而遂亡於商湯。國家失其政，則商賈失其業，於是徯后來蘇，而新王之用兵，必首曰耕市不驚，耕者農也，市者商也，商賈安其業，則簞食壺漿、以迎王師，此湯武所以爲順天應人也。

第三章　商之商業

第一節　商之滅夏政策

夏桀之時，女樂三萬人，晨譟於端門，樂聞於三衢，是無不服文繡衣裳者。伊尹以薄之游女，工文繡纂組，一純得百鍾之粟於桀之國。夫桀之文繡衣裳，悉仰給於商，是夏之工商業，均爲不振也明矣。伊尹專有文繡纂組之利，用夏粟而來夏人，是湯之滅夏乃以商業政策也。管子曰「桀霸有天下而用不足，湯有七十里之薄，而用有餘，天非獨爲湯雨菽粟，而地非獨爲湯出財物也。伊尹善通移輕重，開闔決塞，通於高下徐疾之筴，坐起之費時也。」

第二節　商代關市之政

商代以九夷、八狄、七戎、六蠻、爲四海，四海之貨皆與中土交易，故是時關政譏而不征，所以來遠物也。市有市官，於天子巡守之時，使納市價，以觀民之好惡，而入市之物，亦惟廛而不稅。至圭璧金璋，命服命車，廟器犧牲，戎器，錦文珠玉，衣服飲食，以及用器兵車不中度者；布帛精粗，幅廣狹不中數量者；姦色亂正色者；咸不鬻於市。五穀不時；果實未熟；木不中伐；禽獸魚鼈不中殺者；亦不鬻於市。當時恤商之政，雖極寬大，而禁止亦嚴，蓋制器以便民用，備物以衛民生，固當留意也。

第三節　庶政之修明

湯既誅桀，其改良夏之秕政者，不止一端，關石和鈞，（關通也，三十斤爲鈞，四鈞爲石，言關通衡石之用，使之和平也。）夏禹所以興夏也。後失其度，而湯爲正之，鑄莊山之金以爲幣，以贖民之無饘賣子者，而錢幣充，民食足，百姓無顚連流亡之苦矣。制官刑以儆於有位，而貪墨之官吏無敢得其賄賂，而財不聚於上矣。凡斯數者，其所以裨益於商業者，非淺鮮也。

第四章　西周之商業

第一節　周初之商業

文王在程，作程典以告周民曰『士大夫不雜於工商，商不厚，工不巧，農不力，不可以成治；士之子不知義，不可以長幼工不族居，不可以給官族不鄉別，不可以入惠；族居鄉別，業分而專，然後可以成治，』經國大猷，無過於此矣。後文王在鄗作文傳以訓武王，武王亦曰『山林以遂其材，工匠以爲其器；百物以平其利，商賈以通其貨工不失其務；農不失其時；是爲和德。』武王克殷之後，因殷積粟，大與商業，以巨橋之粟與繒帛黃金互易，粟入於民，而繒帛黃金入於天府，贍軍足國，不恃徵斂，其恤商裕庫之政，深堪爲後世取法也。

第二節　周之商政

有周一代之商政，舉爲周公所釐訂，最爲詳密而嚴整。玆述其商政之概要如左：

一、重市政　周制市在王宮之後，方各百步，凡建國內宰，佐后立市，設其次，置其敍，正其肆，陳其貨賄，出其度量淳制，其地分爲三：中爲大市，日昃而市，百族爲主，東偏爲朝市，朝時而市，商賈爲主，西偏爲夕市，販夫販婦爲主。三市均有思次介次。思次爲市師蒞治之所，開市則上旌以爲衆望，介次爲胥師賈師蒞治之所。每二十肆有一次。司市掌市之治教政刑，量度禁令，以次敍分地而經市；以陳肆辨物而平市；以致令禁物靡而均市；以商賈阜貨而行布；以量度成賈而徵儥；以質劑結信而止訟；以賈民禁僞而除詐；以刑罰禁虣而去盜；以泉府同貨而斂賒。又有賈師各掌其次之貨賄之治，辨其物而均平之，展其成而奠其賈，然後令市。凡天患，禁貴儥者，使有恆賈，四時之珍異亦如之。司市治市之貨賄六畜，珍異，亡者使有，利者使阜，害者使亡，靡者使微。胥師各掌其次之政令，而平其貨賄，憲刑禁焉。察其詐僞飾行價慝者，而誅罰之，以防害民。其在市中之治訟，大者市師聽之，小者胥師賈師聽之。市中禁鬬囂虣亂，出入相陵犯，及以屬遊飲食者。市人犯禁，則司虣搏而戮之。司稽掌巡市而察其犯禁者，與其不物者而搏之。有盜賊則司稽執以徇且刑之。至於商民坐作出入，皆有定則，胥各掌其所治之政，執鞭度而巡其前，掌坐作出入之禁令，有不正者，則掩襲之，以維持市肆之治安。

周時商賈契約有質劑之法，所以使商人之資本有所措，信用有所憑，而鞏固商業之基礎也。周禮大市以質，小市以劑，質劑皆券也，質長而劑短，大市人民牛馬之屬也，則用長券，小市兵器珍異之屬也，則用短券。司市以質劑結信而止訟，質人掌稽市之書契，同其度量，壹其淳制，巡而考之，犯禁者舉而罰之，廛人則掌斂市之絘布、總布、質布、罰布、廛布，而入於泉府。其治質劑也，國中一旬，郊二旬，野三旬，都三月，邦國朞，期內聽，期外不聽，蓋期約各有時效，所以保護交易之安全，而杜絕人民之健訟也。

二、徵商稅　周世徵商，凡二大類：一曰市場之徵，有屋稅，名曰絘布，有貨稅，名曰總布，有地稅，名曰廛布，有契約之稅，名曰質布，有犯市令而罰之者，名曰罰布。惟國凶荒札喪（疫癘）則市無徵，而作布。一曰門關之徵，幾出入不物者，正其貨賄，凡財物犯禁者舉之。司關司貨賄之出入者，掌其治禁，與其徵廛，國凶札則無關門之徵，猶幾。

三、立泉府　司市以泉府同貨而斂賒。按泉府之職，掌以市之徵布，斂市之不售，貨之滯於民用者，以其價買之。物揭而書之，以待不時而買者。凡賒物者無息。祭祀無過旬日，償其直，喪紀無過三月，償其直。凡民之貸財者有息。園廛二十而一，近郊者十一，遠郊者二十而三，或以國服爲之息。國服爲之息者，以其於國服事之稅爲息也。夫泉府斂其不售，有操縱貿易之權；貸民之用，有通融資本之法，而皆假泉府以爲流通焉。

四、同度量　武王造周，而以同律度量衡爲始。如以秬黍正尺度，長九寸，徑三分，爲黃鐘之管，量衡依之而定。而周官六典，典度量之官有內宰（內宰出度量淳制）質人，（質人同其度量，壹其淳制，巡而考之，犯禁者舉而罰之，見地官）合方式（合方氏、同其度器，壹其度量，見夏官）大行人，（大行人同度量，同數器，見秋官）諸職，市中成賈，必以量度而守譏市門之胥，亦執鞭度以巡於所治之前，其注重於度量權衡者至矣。

五、謹門關　市肆之制雖善，而門關無善制以相輔翼，則恤商之政，猶未備也。周代商賈，凡通貨賄出入門關，必以璽節，故司關掌國貨之節，以聯門市，自外來者，則案其節，而書其貨之多少，通之國門，國門通之司市。自內出者，司市爲之璽節，通之國門，國門通之關門，以檢猾商。璽節之外，又有傳，商或取貨於民間無璽節者至關，關爲之傳。出入貨稅，均百取其一，其停閣於關下邸舍者，別納廛布。貨不出於關，則舉其貨，罰其人。國之司門，亦幾出入不物者，正其貨賄，凡財物犯禁者舉之，以爲養老恤孤。國凶札則無門關之徵。

如右所述，周代商政，大略具矣。推其行政之意，始之以董勸，以興其業，繼之以樂利，以遂其情，規畫精而無繁苛，禁令嚴而無蠹害。又如秋官所載，朝士之職，凡民同貨財者，令以國法行之，犯者刑罰之。（鄭注：同貨財者，謂合錢共賈者也。）其法雖不詳，疑必有與今日公司合夥等制度相近者在也。

第三節　西周商業之衰敝

西周商業，由國內而推至外國，重譯而至者三十六國，然其後所以中衰者，則由於封建之弊。蓋商業者，以交通而益盛者也。周之初，雖曰大封諸國，而實則以王畿爲中心，故其時商業無遠不屆，脈絡貫通；王澤既竭，而各國自爲風氣，交通既多阻礙，而運輸遂以不便，入境問禁，入國問俗，貨物之周轉不靈矣。且西京、豐、鎬之地，僻處西陲，乃用兵之地，非商戰之地也，前阻大河，後據峻嶺，四塞之固，此於交通上大有阻力，夫帝都爲商業之總樞機，宜擇通達之地，此豈所宜者，國力強時，猶可以控制諸侯，至穆王失道，巡遊無度，而周德衰，昭王南征不復，爲諸侯跋扈王威不振之證，是時西有犬戎，北有玁狁，又皆在肘腋之下，幽厲繼行無道，周遂不能安處於西矣。蓋商業者，以國之治亂爲盛衰，周室之擾亂已極，商業宜其不振，洛邑居天下之中，於商業極爲適合，則周之東遷，由商業上言之，固未爲失計也。

第五章　東周之商業

第一節　春秋商業之趨向

春秋之商業，可分爲二期：第一期爲黃河流域之商業，第二期爲揚子江流域之商業，故其時強國之勢，亦由北而趨南，齊也、晉也、宋、鄭也，皆黃河流域之國也。周之東遷，晉、鄭爲依，故春秋開始，鄭國最占勢力，其次則爲齊。齊自桓公用管仲而始強，遂爲五霸之首，桓公歿而國亂，宋襄繼之而伯，然爲楚所阨，楚遂大強。蓋揚子江流域之國，商業興盛，漢陽諸姬，楚實盡之，方城爲城，漢水爲池，其交通廣便，固非黃河流域諸國所能及也。楚莊王問鼎輕重，大有進窺王室之心，而北方適有晉文公起而與競，城濮之戰，踐土之盟，皆足以抑制楚心，故楚不得逞志於中國，而南下幷吞小蠻國。春秋季世，晉漸不競，而楚遂益張，然其末期也，吳強越霸，吳、越皆扼揚子江之口者，故其勢漸強，然則所謂春秋之趨勢，由北而趨南者，蓋由黃河趨揚子江，又由揚子江上流趨於揚子江下流，豈非隨商業之趨向而進行乎？秦在黃河之西，燕在黃河之東北，而均爲黃河所阻，故燕在春秋時少通於中國；秦雖力爭中原，而僻處西陲，交通不便，以穆公之剛忍有爲，僅霸西戎而已。故吾於春秋之交通，可謂之爲黃河以南與揚子江以北之交通。

第二節　鄭之商業

春秋諸國，鄭之商賈，最著稱於世。蓋鄭密邇周京，東遷之始，王畿與各侯國商業交通最盛，而鄭實當其衝，因地勢之便，故其商業之盛，爲各國之冠。初宣王封母弟友於宗周畿內咸林之地，是爲鄭桓公。其後王室多故，桓公欲避其難，問於史伯，史伯勸其取濟、洛、河、潁間之地，桓公從之，寄帑與賄於虢、鄶之國，其商人從焉，桓公與之盟而共出自周，是鄭以商人創國也。平王東遷之後，桓公子武公爲平王卿士，幾有左右王室之勢，遂取虢、鄶之地，右洛、左濟，前華後河，食溱、洧焉。鄭地水道四達，爲各國之要津，商業之興，實由於此。

鄭之商賈，通貨鬻財，而能知國家大計，富於愛國之心者，以弦高爲最著。鄭穆公時高見鄭國淩弱，爲秦、晉所逼，乃隱不仕，爲商人。及晉文公返周，與秦穆公伐鄭，圍其都，鄭人私與秦盟，而晉師退，秦又使大夫杞子等三人戍鄭，居三年，晉文公卒，襄公初立，秦穆公方強，使百里、西乞、白乙帥師襲鄭，過周及滑，鄭人不知，時高將市於周，遇之，謂其友曰：『師行數千里，又數經諸侯之地，其勢必襲鄭，凡襲國者，以無備也，示以知其情也，必不敢進矣。』乃矯鄭伯命，以十二牛犒秦師，且使人速告鄭爲備，杞子亡奔，齊、孟明等反至崤，晉人要擊之，大破秦師，鄭於是賴高而存。鄭穆公以存國之賞賞高，高辭曰『詐而得賞，則鄭國之政廢矣，爲國而無信，是敗俗也，賞一人而敗國俗，智者不爲也，』遂以其屬徙東夷，終身不返。世多知高之犒師爲有特識，而不知其辭賞，高誼尤爲可風。然鄭之商賈有高節奇行者，固不止高一人。邲之戰，晉之荀罃爲楚所執，鄭人賈於楚者，密與罃謀，將寘諸褚中而出，旣謀之未行，而楚人歸之，賈人如晉，荀罃善視之，如實出己，賈人曰『吾無其功，敢有其實乎？吾小人不可以厚誣君子，』遂適齊，此賈人雖姓名不傳，然其智謀及行誼，固不在弦高之下。鄭之商賈，西至周、晉，南居楚，東適齊，是當時列國無不有鄭商蹤跡，而其商人皆富於愛國之心，高節偉度，犖犖可傳，鄭之能以彈丸小國，介於兩大之間而無害者，賴有此歟！

鄭簡公、定公之時，子產執政，市不豫賈，門不夜關，史稱其治。晉卿韓宣子起嘗聘於鄭，宣子有環，其一在鄭商。宣子謁諸鄭伯，子產弗與，曰『非官府之守器也，寡君不知。』韓子買諸賈人，既成賈矣，商人曰『必告君大夫。』韓子請諸子產，子產曰『昔我先君桓公與商人皆出自周，庸次比耦，以艾殺此地，斬之蓬蒿藜藿，而共處之，世有盟誓，以相信也，曰「爾無我叛，我無強賈，毋或匄奪，爾有利市寶賄，我勿與知」，恃此盟誓，故能相保以至於今，今吾子以好來辱，而謂敝邑強奪商人，是教敝邑背盟誓也，毋乃不可乎？吾子得玉而失諸侯，必不爲也。若大國令而共無藝，鄭鄙邑也，亦勿爲也。僑若獻玉，不知所成，敢私布之。』韓子辭玉曰『起不敏，敢求玉以徼二罪，敢辭之。』夫以一環之微，而鄭商不敢私售，鄭卿不敢強奪，商律之修明，商人權利保護之周至，皆爲後世所當奉爲圭臬。而推原其故，則自桓公開國之時，已立盟誓，恤商之典，世守勿替，故能不撓於大國。一國之內，上下一心，雖有外侮，誰能間之。

第三節　衞之商業

衞爲黄河流域重要之地，然而逼處他族，商業衰微，懿公好鶴，鶴亦有祿位，衣以錦繡，乘以高軒，人心已失，國勢阽危，致爲狄所滅。戴公棲於下邑，勉强定國，文公移於楚邱，招集流亡，力圖恢復，以身作則，提倡節儉，衣大布之衣，戴大帛之冠，復以實業主義，勤訓其民，務財訓農，通商惠工，元年革車三十乘，季年乃三百乘。由此觀之，處喪敗之餘，能振興實業，國雖小，猶足以自振也！

第四節　齊之商業

齊當受封之初，疆域東至海，西至河，南至穆陵，北至無棣，故其建國實占域中之形勝。太公因勢利導，興漁鹽之利，而國以富饒。管仲本其餘策，以佐桓公，遂使四方商旅輻輳，臨淄、海岱之間，聯袂朝齊，而齊以霸。迄於戰國，齊南有泰山，東有瑯琊，西有清河，北有渤海，地方二千餘里，地利既饒，海產豐富，運輸利便，齊之以商業稱雄當世，豈偶然哉？

春秋之世，攘奪頻仍，五霸迭爭雄長，而齊桓之霸也以管仲，管仲之能使齊霸也以實業。管仲深知實業與政治之關係，嘗曰：『萬乘之國，必有萬金之賈，千乘之國，必有千金之賈，百乘之國，必有百金之賈，故其制國定民，務使士農工商，四民不雜。』其言曰：『商羣萃而州處，觀凶飢、審國變，察其四時，而監其鄉之貨，以知其市之價，負任擔荷，服牛輅馬，而周四方，料多少，計貴賤，以其所有，易其所無，買賤鬻貴，是以羽旄不求而至，竹箭有餘於國，奇怪時來，珍異物聚，旦夕從事於此，以教其子弟，相語以利，相示以時，相陳以賈，少而習焉，其心安焉，不見異物而遷焉，是故其父兄之教，不肅而成，其子弟之學，不勞而能，夫是故商之子弟常爲商也。』且管子非獨重本國之商。有時亦設法招徠外國之商，嘗著令爲諸侯之商賈立客舍，一乘者有食，三乘者有芻菽，五乘者有伍養，天下之商賈歸齊者如流水。管子治齊既久，國中大治，商賈之民咸富，蓋管子困時嘗與鮑叔賈，其於商賈之事，固嘗親歷其境也。

第五節　魯之商業

魯亦山東之國，然形勢與齊不同，齊爲海國，而魯則有陸國之勢，故商品遠不及齊，然山東爲與各地交通之孔道，故商業亦盛。子貢之貨殖，億則屢中，實爲商業之鉅子，結駟連騎，以遊諸侯，所至無不分庭抗禮，一言而能存魯，其愛國之精神，深堪爲我人取法也。魯之商業政策最爲可稱者，莫如市制，魯之市制，有侯館，有賈正，蓋猶循西周之法也。定公時販羊之沈猶氏，常朝飲其羊，及孔子爲司寇，沈猶氏不敢朝飲其羊。孔子爲政三月，鬻牛馬者不儲價；賣羊豚者不加飾；男女行者別於塗，塗不拾遺；四方客至於邑，不求有司，皆如歸焉。孔子之政策今不盡傳，疑必修先王之典，行偏飾之禁，故市肆爲之改觀，獨惜其執政不久耳！

第六節　晉之商業

晉之爲邦，險而多馬，其滅虞也，卽以屈產之乘，又其南境解州有鹽池，唐、虞以來，號稱利藪。故當晉人謀去故絳，諸大夫皆曰「必居郇瑕氏之地，沃饒而近鹽，國利民樂，不可失也。」晉之地利，不亞於齊國，其民又多儉嗇之風，憂深思遠，不事娛樂，故與商業之性質尤宜；近世山西商賈，著稱宇內，蓋其所由來者遠矣。

齊霸既熄，而晉文興，晉所以強，其富教之略，亦足紀焉。文公之初卽位也，屬百官，賦職任功，棄職薄斂，施舍分寡，救乏振滯，匡困資無，輕關易道，通商惠寬，懋穡勸分，省用足財，利器明德，以厚民性，舉善援能，官方定物，正名育類，昭舊族，愛親戚，明賢良，尊貴寵，賞功勞，事耇老，禮賓旅，友故舊，政平民阜，財用不匱，故城濮一戰，施威定霸，文之教也。至悼公復爲盟主，魏絳列和戎之利，則言戎狄薦居，貴貨易土，土可賈焉，是以通商政策，爲開疆拓土之政策矣。

第七節　楚之商業

春秋之時，南方諸國，以楚爲最強，楚之所以強者，物產富也。王孫圉曰「楚有藪，曰雲連、徒洲，金木竹箭之所生也，龜珠角齒皮革羽毛，所以備賦而戒不虞也。」由是觀之，金珠諸物，咸出於楚，非北方諸國所可及。然楚之物產，亦以商人運致他國，觀晉文公之對楚成王曰「子女玉帛，則吾有之，羽毛齒革，則君地生焉，其波及晉國者，君之餘也。」蔡、公孫歸生之言曰「杞梓皮革，自楚往也，雖楚有材，晉實用焉。」楚地富於羽毛齒革杞梓之材，而遠及於晉國，是楚之商業，固甚盛也。晉欒書述楚莊王之霸，謂『楚君無日不討國人而訓之以民生之不易，禍至之無日，戒懼之不可以怠，訓之以若敖、蚡冒篳路藍縷，以啓山林箴之曰，民生在勤，勤則不匱，是以舉不失德，賞不失勞，老有加惠，旅有施舍，君子小人，物有服章，及其荆尸而舉，商農工賈，不敗其業，而卒乘輯睦。』夫楚之爲政，以勤勸衆，以儉率下，故雖興師國外，而人民尚能安居樂業也。

第八節　吳越之商業

濱海之國，在北爲齊，在南爲吳、越，當時齊爲雄國，太公倡率於前，管子經營於後，故齊冠帶衣履天下；而吳、越尙沈於蠻夷之域。及春秋之末，吳、越始大，通於上國。第吳之興也，惟於軍事上爲切實之經營，不知經營實業爲軍事之後盾，故其亡也，市無赤米，其商業之腐敗可知矣。

越之興也，十年生聚，十年教訓，雖由勾踐臥薪嘗膽之功，實係計然經營實業之力。計然嘗處吳、楚、越之間，以漁三邦之利。勾踐以迫於會稽之恥，知非從培養國力入手，不可以有爲，遂以生聚之策，屬之計然。計然嘗告勾踐曰『知鬭則修備，時用則知物，二者形而萬物之情可得而觀已。夫糴二十病農。九十病末，病末則財不出，農病則財不闢，上不過八十，下不減三十，則農末俱利，平糶齊物，關市不乏，治國之道也。精著之理，務完物，無息幣，以物相貿易，腐敗而食之，貨物留，無敢居貴，論其有餘不足，則知貴賤，貴上極則反賤，賤下極則反貴，貴出如糞土，賤取如珠玉，財幣欲其行如流水。』越王善其言，修之十年，越國富厚，七年而沼吳。吳、越之興亡，卒由於商業，商業之於國，關係大矣。

第九節　秦之商業

秦之不能與晉爭者，以地勢不便於交通，然自穆公霸西戎，於是不能東略者，亦得肆其西封，其時陝西、甘肅各地，大約皆秦之商業所及。至孝公用商鞅，鞅持農戰主義，痛抑商人，欲民去商賈而事地利，顧其國民有善賈之習性，非政府之權力所得而限制者。後呂不韋以陽翟大賈入而相秦，於是政策一大變，改重農主義爲重商主義。農攻粟，工攻器，賈攻貨，又一度量，平權衡，正鈞石，齊升斗，易關市，來商旅，入貨賄，以便民事。秦之所以統一天下，呂不韋實與有力焉。

第十節　貨殖家略傳

管仲略傳　管仲名夷吾，繼高傒爲齊相，設輕重九府，桓公以霸。其書述輕重十九篇，要以錢幣制穀粟視物輕重而準之，其言曰『五穀食米民之司命也；黃金刀幣民之通施也；善者執其通施以御其司命，民力可得而盡也。夫民者，親信而死利，海內皆然，民予則喜，奪則怒，民情皆然，先王知其然，故見予之形，不見奪之理，利出一孔者，其國無敵，出二孔者其兵不詘，出三孔者不可以舉兵，出四孔者其國必亡，先王知其然，故塞民之養，隘其利途，故予之在君，奪之在君，貧之在君，富之在君，爲國不通於輕重，不可爲籠以守民，不能調通民利，不可以語制爲大治，以重射輕，以賤泄平，萬物之滿虛，隨財准平而不變。凡五穀者，萬物之主也，穀貴則萬物必賤，穀賤則萬物必貴，兩者爲敵，則不俱平，故人君御穀物之秩，相勝而操事於其不平之間，故萬民無藉而國利歸於君。』管子輕重之說，累數萬言，其大要如此，此於貨殖學卓然成一家言者矣。

子貢略傳　子貢名賜，衛人，既學於孔子，退而仕於衛。其爲人也，利口巧辭，以言語擅長，嘗一出而存魯亂齊破吳強晉而霸越，蓋縱橫家之祖也。史稱子貢好廢舉，與時轉貨貲，嘗相魯、衛，家累千金，而廢著鬻財於曹、魯之間，七十子之徒，以賜最爲饒益，結駟連騎，束帛之幣，以聘享諸侯，所至國君，無不分庭與之抗禮，使孔子之名布揚於天下。孔子曰『賜不受命，而貨殖焉，億則屢中，』蓋嘉其不藉官吏之力，而能意貴賤之期，數得其時也。

計然略傳　計然姓辛氏，字文子，其先晉國亡公子也。計然爲人，有內無外，狀貌似不及人，少而明學陰陽，見微知著，其志沈沈，不肯自顯，嘗南游於越，范蠡師事之，請其見越王，計然言息貨，王不聽，乃退而不言，處於吳、楚、越之間，以漁三邦之利。已而越王聞其賢，復請受教。計然之學，長於牟利，其論商之旨可分爲四端，即（一）察尙好，（二）重交通，（三）尙平均，（四）戒停滯是也。著有內經及萬物錄，今已不傳。

范蠡略傳　范蠡，楚人也，事越王勾踐苦身戮力，與勾踐深謀二十餘年，竟滅吳，勾踐以霸，而范蠡稱上將軍。范蠡既雪會稽之恥，乃喟然而歎曰『計然之策七，越用其五而得意，既已施之國，吾欲用之家，且勾踐爲人可與同患，難與處安，』乃裝其輕寶珠玉，自與其私徒屬乘扁舟浮於江湖，變名易姓，適齊爲鴟夷子皮，耕於海畔，苦身戮力，父子治產。居無幾何，致產數千萬，齊人聞其賢以爲相，范蠡喟然歎曰：『居家則致千金，居官則至卿相，此布衣之極也，久受尊名不祥，』乃歸相印，盡散其財，以分與知友鄉黨，而懷其重寶，間行以去，止於陶，爲朱公。朱公以爲陶天下之中，諸侯四通，貨物所交易也，乃治産積居，與時逐而不責於人，十九年之中三致千金。再分散與貧交昆弟，後年衰老而聽子孫，子孫修業而息之，遂至巨萬，故言富者，皆稱陶朱公。

猗頓略傳　猗頓、魯之窮士，耕則常飢，桑則常寒，聞陶朱公富，往而問術焉，朱公告之曰：『子欲速富，須畜五牸，』於是乃適西河，大畜牛羊於猗氏之南，十年之間，其滋息不可計，貲擬王公，馳名天下，以興富於猗氏，故稱曰猗頓。史記稱猗頓用盬鹽起，而不言其傳朱公之術，猗頓近解州，其以盬鹽起亦宜。

第六章　周末之商業

第一節　戰國商業之大概

戰國之世，爭地奪城，人無寧居，其商業已處於不振之勢，而又割據紛爭，交通阻梗，不便於商業之往來。其當時之君臣，率皆以強兵爲重，民事爲輕，故孟子之對梁惠、齊宣皆以行仁政之說告之，蓋以民既憔悴於虐政，苟有一二不世出之君，膏澤下民，則耕者咸欲耕於其野，而商賈咸欲出於其途，是亦以仁政爲振興實業之用也；而時君以爲迂闊而不用，遂至終戰國之世，干戈擾攘，迄無終日，戰國百八十年間，商業不振之原因，胥以此也。

第二節　戰國民俗與商業之關係

春秋之世，周室衰，禮法隳，諸侯大夫，皆以奢侈相尚，士庶人莫不離制而棄本，稼穡之民少，商旅之民多，穀不足而貨有餘。桓、文之後，禮誼大壞，上下相冒，國異政，家殊俗，嗜欲不制，僭差亡極，於是商通難得之貨，工作亡用之器，士設反道之行，以追時好，而取世資。富者木土被文錦，犬馬餘肉粟，而貧者短褐不完，啜菽飲水，而以財力相君者，雖爲僕虜，猶亡慍色。蓋周初井田封建之制，務使齊民無貧富之差，列國無強弱之患，意本至善，然使其制長存，則人民之智力，永無競勝爭長之時。人之有生，嗜進而好勝，而生齒之繁，又與年俱增，養欲給求，必不能預爲之限，故自周初至於春秋之末，國家制度，與人民生計，潛移默變，俱出於不知，以班氏之言證之，其所謂禮誼大壞，嗜欲不制者，正由生計之艱，不得不改途易轍之故。人民智力日奮，然後有甚貧甚富之殊，而以其貧富之殊，彌足以促智力之進步，然春秋時人民生計之變遷猶緩而小，戰國時人民生計之變遷愈速而大。春秋、戰國之交，農商代嬗之時也。三代以前，所用者井田之制，至戰國而其法隳，人民非自謀生計不可；而用貧求富，農不如工，工不如商，故戰國時周人皆改謀生之術，由農業而趨於商賈。史記蘇秦傳曰『周人之俗，治產業，力工商，逐什二以爲務。』游俠傳曰『周人以商賈爲資。』貨殖傳曰『魯俗好儒，及其衰好賈，趨利甚於周人。』漢書地理志曰『周人之失，巧僞趨利，貴財賤義，高富下貧，喜爲商賈，不好士宦。』此皆好爲商賈之徵，王畿之民，好爲商賈，則其諸國之俗，可以知矣。

周人之善爲商者，以白圭爲最。史記曰『白圭、周人也，樂觀時變，人棄我取，人取我與，歲熟取穀，予之絲漆，繭凶取帛絮與之食，能薄飲食忍嗜欲，節衣服，與用事僮僕同苦樂，趨時若猛獸鷙鳥之發，故曰，吾治生產，猶伊尹、呂尚之謀，孫吳用兵，商鞅行法是也。是故其智不足與權變，勇不足以決斷，仁不能以取予，彊不能有所守，雖欲學吾術，終不告之矣。』蓋天下言治生，祖白圭。圭之趨時，若是之疾，蓋必有與圭競者，故其經商之術，又出子貢、范蠡上也。

商業盛而農業衰，此非有國者之福也，故其時深識之士，咸以重農爲主，而其首唱之者李悝也。漢書曰『李悝爲魏文侯作盡地力之教，以爲地方百里，提封九萬頃，除山澤邑居，參分去一，爲田六百萬畝，治田勤謹，則畝益三升，不勤則損亦如之，地方百里之增減，輒爲粟百八十萬石矣。』又曰：『糴甚貴傷民，甚賤傷農，民傷則離散，農傷則國貧，故甚貴與甚賤，其傷一也。善爲國者，使民無傷而農益勸。一夫挾五口，治田百畝，歲收畝一石半，爲粟百五十石，上孰其收自四，餘四百石，中孰自三，餘三百石，下孰自倍，餘百石，小饑則收百石，中饑七十石，大饑三十石，故大孰則上糴三而舍一，中孰則糴二，下孰則糴一，使民適足，賈平則止，小饑則發小孰之所斂，中饑則發中孰之所斂，大饑則發大孰之所斂而糶之，故雖遇饑饉水旱，糴不貴而民不散，取有餘以補不足也。』行之魏國，國以富強，農商分業，而國家爲之調劑其間，蓋雖示勸農之意，猶未至於抑商也。

自秦孝公用商鞅變法自強，而鞅遂大倡重農抑商之說。其言曰『民之內事，莫苦於農，故輕治不可以使之。奚謂輕治？其農貧而商富，故其食賤者錢重，食賤則農貧，錢重則商富，末事不禁，則技巧之人利，而游食者衆之謂也。故農之用力最苦，而贏利少，不如商賈技巧之人，苟能令商賈技巧之人無繁，則欲國之無富，不可得也。故曰欲農富其國者，境內之食必貴，而不農之徵必多，市利之租必重，則民不得無田，田不得不易其食，食貴則田者利，田者利則事者衆，食貴糴食不利，而又加重徵，則民不得無去其商賈技巧而事地利矣。』又曰『國之所以興者，農戰也。農者寡而游食者衆，故其國貧危，其境內之民，皆事商賈，爲技藝，避農戰，如此則不遠矣。』農用力最苦，而贏利少，而商君必使商賈技巧之人歸農，蓋商人輕去本國，而戰事必仰農食，故不得不出此策也。史記、商君傳曰『大小僇力本業，耕織致粟帛多者復其身，事末利及怠而貧者，舉以爲收孥，』是法立而秦人之強，甲於諸國矣。

偏重農商，均有流弊，故孟子所持政策，與李悝、商鞅殊。其告齊宣王曰『今王發政施仁，使天下仕者皆欲立於王之朝，耕者皆欲耕於王之野，商賈皆欲藏於王之市，行旅皆欲出於王之塗，其若是，孰能禦之，』是孟子於農商固無偏重也。其所謂仁政有五：『一曰尊賢使能，俊傑在位，二曰市廛而不徵，法而不廛，三曰關譏而不徵，四曰耕者助而不稅，五曰廛無夫里之布，』蓋孟子之主義，極以徵商爲非。其稱文王則曰『關市譏而不徵，』又曰『古之爲市者，以其所有，易其所無，有司者治之耳，有賤丈夫焉，必求壟斷而登之，以左右望而罔市利，人皆以爲賤，故從而徵之，徵商自此賤丈夫始矣。』又曰『古之爲關也，將以禦暴也，今之爲關也，將以爲暴也。』當時關市之病商，殆有甚於暴斂農民，故孟子欲復古者不徵之制。至其勸農之法，亦以復古爲主，不取抑商之策也。

然世局之變，固非人力所能挽，戰國之時，商業既與大利所在，人競趨之。頓弱曰『有其實而無其名者，商人是也，無把銚椎耨之勢，而有積粟之實，無其實而爲其名者，農夫是也，解凍而耕，暴背而耨，無積粟之實。』呂不韋謂其父曰『耕田之利幾倍，』曰『十倍，』『珠玉之利幾倍？』曰『百倍。』

利弊相懸若此，故當時貨物流衍，商賈殷塡，雖有重農抑商之說，莫之能禦。荀子曰『北海則有走馬吠犬焉，然而中國得而畜使之；南海則有羽翮齒革曾菁丹千焉，然而中國得而財之；東海則有紫紶魚鹽焉，然而中國得而衣食之；西海則有皮革文旄焉，然而中國得而用之。故澤人足乎木，山人足乎魚；農夫不斲削不陶冶而足械用，工賈不耕田而足菽粟，此貨物流衍之徵也。』國策曰『臨淄甚富而實，其民無不吹竽鼓瑟擊筑彈琴鬬雞走犬六博蹹踘者，臨淄之途，車轂擊，人背摩，連袵成帷，舉袂成幕，揮汗成雨，家熟而富，志高而揚，』此商賈殷塡之徵也。蓋當時雖厚刀布之斂，以奪其財；苛關市之征，以難其事；而爭利者於市，固不患其不至也。

戰國之時，交易於市者，率朝聚而夕散。譚拾子曰『市朝則滿，夕則虛，非朝愛市而夕憎之也，求存故往，亡故去，』此其證也。市有吏以治之，其名曰掾。田單當齊湣王時，為臨淄市掾，可證當時各國爭城爭地，以有市之地為貴。蘇秦說齊湣王曰『通都大邑，置社有市之邑，莫不奉王。』馮亭告趙王曰『韓不能守上黨，今有城市之邑七十，願拜內之於王，』是其邑之有市者，重於他邑也。當時又有軍市，則隨軍市易之所。商鞅曰『令軍市無有女子，而命其商令人自拾甲兵，使視軍興；又使軍市無得私輸糧者，則姦謀無所於伏。」齊策亦有「士聞戰則輸私財而富軍市」之語。是其時秦、齊諸國，咸有軍市也。至趙、李牧爲趙守邊，以便宜置吏，市租皆輸入莫府爲士卒軍費，則當時邊將亦兼轄市政明矣。

戰國之時，商業既盛，各國富力亦增，黃金之用甚熾，此非春秋時所有也。漢書稱「秦幷天下，幣爲二等。黃金以鎰爲名。」（二十兩爲鎰）顏師古曰「改周一斤之制，更以鎰爲金之名數也，」實則戰國時用金卽以鎰計，孟子曰「於齊王餽金一百而不受，於宋餽七十鎰而受，於薛餽五十鎰而受。」國策曰「當秦之隆，黃金萬鎰爲用」又曰「攻齊令曰，得齊王頭者賜金千鎰，」又曰「李兌送蘇秦，黃金百鎰，秦得以爲用」又曰「蘇代獻黃金千鎰於淳于髡，」是皆戰國時用金名鎰之證。然當時用金，亦非專以鎰計，尚有沿周代一斤之制者，國策曰「馮旦請殺昌他西周君予金三十斤」，又曰「秦王賚姚賈車百乘，金千斤」又曰「梁遣使者黃金千斤，車百乘，聘孟嘗君，」又曰「南后以金千斤與張儀、鄭褎亦金五百斤，」又曰「今樊將軍秦王購之金千斤，」是其時用金亦有以斤計也。金貨之流通，若是之多，人民生計之進步，亦可推見，世徒知戰國時兵革死喪之慘，而不知其富饒實遠軼於前古也。

第七章　秦之商業

第一節　秦人之善於經商

秦文、孝、繆居雍，隙隴、蜀之貨物而多賈，獻孝公徙櫟邑，櫟邑北郤戎翟，東通三晉，亦多大賈，是秦民固善於經商也。始皇之初政，以文信侯呂不韋爲相，不韋故陽翟大賈，往來販賤賣貴，家累千金，故其爲政，頗重商業。呂覽曰『凡民自七尺以上，屬諸三官，農攻粟，工攻器，賈攻貨，仲秋之月，一度量，平權衡，正鈞石，齊廿角，是月也，易關市，來商旅，入貨賄，以便民事，四方來雜，遠鄉皆至，則財不匱，上無乏用，百事乃遂。』秦至始皇時商賈與農夫並重矣。

第二節　秦統一後之商業

秦始皇統一六國，以其民俗之互殊也，於是一法度衡石丈尺，車同軌，書同文。制幣爲二等，黃金以鎰名，爲上幣，二十兩爲鎰，改周一斤之制，銅錢爲下幣，銅錢質如周錢，文曰半兩，重如其文，是秦代唯一之輔幣，而珠玉龜貝銀錫之屬爲器飾寶藏不爲幣。始皇之政策，在勤勞政事，上農除末，故嘗發諸逋亡人贅壻賈人略取陸梁地。應劭曰『秦時以適發之名適戍，先發吏有過及贅壻賈人，後以嘗有市籍者發，又後以大父母父母嘗有市籍者，其法似極嚴酷』然始皇開邊，專以有市籍者戍之，意者以邊境貧瘠，使內地商賈經營其地，或可爲兵略之助，惜吾國人民，素無進取思想，以戍爲苦，故其殖民政策未能見效耳。始皇以咸陽帝都所在，係全國政治之中心，應謀經濟勢力之充實，於是徙天下富豪於咸陽十二萬戶，關中富商盡諸田，田嗇、田蘭皆鉅萬，諸田必臨淄富商，始皇徙之，而其富如故，可見商賈初不畏遷徙矣。然諸田由臨淄而遷咸陽，猶在通都饒衍之區，若卓氏、程鄭、孔氏者或居邊地，或居腹地，亦以實業世其家，尤可見當時商賈之毅力矣。考當時以農畜起家者有烏氏倮，畜牧及衆，斥賣，求奇繒物間獻遺戎王，戎王什倍其償，與之畜，畜至用谷量馬牛，秦始皇令倮比封君，以時與列臣朝請。宣曲任氏之先，爲督道倉吏，秦之敗也，豪傑皆爭取金玉，而任氏獨窖倉粟，楚、漢相距滎陽也，民不得耕種，米石至萬，豪傑金玉，盡歸任氏，以此起富，富人爭奢侈，任氏折節爲儉，力田畜，田畜人爭取賤賈，任氏獨取貴善，富者數世。及漢之開斥邊塞，橋姚致馬千匹，牛倍之，羊萬頭，粟以萬鍾計。當時以工虞起家者，巴蜀寡婦清，其先得丹穴，擅其利數世，家亦不訾，清寡婦也，能守其業，用財自衞，不見侵犯，秦始皇帝以爲貞婦而客之，爲築女懷清臺。同時蜀有卓氏，其先趙人，用鐵冶富，秦破趙，遷卓氏，夫妻推輦行，詣遷處，諸遷虜少有餘財，爭與吏求近處，處葭萌，惟卓氏曰「此地狹薄，吾聞汶山之下沃野，下有蹲鴟，至死不飢，民工於市，易賈，乃求遠遷，致之臨卭，大喜，卽鐵山鼓鑄，運籌策，傾滇、蜀之民，富至僮千人，田地射獵之樂，擬於人君焉。程鄭者，山東遷虜也，亦冶鑄，賈椎髻之民，富埒卓氏，俱居臨卭。梁人孔氏者，用鐵冶爲業，秦伐魏，遷孔氏南陽，大鼓鑄，規陂池，連車騎，游諸侯，因通商賈之利，有游閑公子之賜與名；然其贏得過當，愈於纖嗇，家致富數千金，故南陽行賈，盡法孔氏之雍容。

第二編　中古商業

第一章　西漢之商業

第一節　漢初之賤商法令

史記曰『高祖令賈人不得衣絲乘車，重租稅以困辱之。孝惠皇后時，爲天下初定，復弛商賈之律，然市井之子孫，亦不得仕宦爲吏。』其時有七科謫戍之法，吏有罪一，亡命二，贅壻三，賈人四，故有市籍五，父母有市籍六，大父母有市籍七。賈人之權利不得等於農民，而從軍之義務，則視他人爲重，其挫抑商賈至矣。然漢之賤商，雖亦沿戰國諸子重農抑商之說，實則賈人自取之辱，不能專歸咎於漢初諸帝也。史記留侯世家『沛公入武關，欲擊秦嶢下軍，良說曰，秦兵尙強未可輕，臣聞其將屠者子，賈豈易動以利，願沛公且留壁，令酈食其持重寶啗秦將，秦將果畔。』又陳豨傳『上問陳豨將誰，曰王黃、曼丘臣皆故賈人，上曰吾知之矣，迺各以千金購黃、臣等。』蕭相國世家上曰『相國多受賈人財物，乃爲請吾苑。』是當時商賈貪利忘義，廉恥道喪，專事賄賂，以營姦利，故爲人主所賤也。

第二節　漢初之商業概況

漢書曰『漢承秦之敝，諸侯並起，民失所業，而大饑饉，凡米石五千，人相食，死者過半。天下既定，民無蓋藏，自天子不能具醇駟，而將相或乘牛車。』又曰『不軌逐利之民，畜積餘贏，以稽市物，痛騰躍，米至石萬銀，馬至匹百金。』史記『漢興，海內爲一，關梁弛山澤之禁，是以富商大賈周流天下，交易之物，莫不通得其所欲，』蓋其時民近戰國，皆背本趨末，隴畝蕭條，穀物昂貴，而商賈逐利之徒，故未嘗乏也。文帝時鼂錯稱『商賈大者積貯倍息，小者坐列販賣，操其奇贏，日游都市，乘上之急，所賣必倍，男不耕耘，女不蠶織，衣必文采，食必粱肉，亡農夫之苦，有阡陌之得，因其富厚，交通王侯，力過王侯，以利相傾，千里游敖，冠蓋相望，乘堅策肥，履絲曳縞，則法律雖賤商人，商人已富貴矣。』

漢初四方之通商，頗及於遠。史記『南越王尉佗傳，高后時，有司請禁南越關市鐵器，佗曰：高帝立我通使物，今高后聽讒臣，別異蠻夷，隔絕器物，此必長沙王計也。』是漢初與南越通商也。西南夷傳『漢興，巴蜀民或竊出商賈，取其筰馬僰僮髦牛，以此巴蜀殷富。』是漢初與西南夷通商也。又其時王侯官吏亦多經營商業，如吳王濞招致天下亡命鑄錢，煮海爲鹽，以富國用。趙王彭祖使使即縣爲賈人榷會，入多於國經稅租，以是家多金錢，是諸王之得經商也。景帝元年，廷尉丞相等議，吏若買故賤，賣故貴，皆坐臧爲盜，沒入臧縣官，是漢初百吏有買賤賣貴明也。司馬遷曰『天下熙熙，皆爲利來，天下攘攘，皆爲利往，夫千乘之王，萬家之侯，百室之君，尚猶患貧，而況匹夫編戶之民乎？』蓋謂此也。

第三節　漢武帝之經濟政策

第一款　財用之盈虧

漢自高祖至景武，七十餘年之間，人給家足，都鄙倉庫皆滿，而府庫餘貨財，京師之錢累巨萬，貫朽而不可校，太倉之粟，陳陳相因，充溢露積於外，至腐敗而不可食。嗣武帝內興土木，外事甲兵，中外騷擾，財用衰耗，富商大賈，滯財役貧，轉轂百數，冶鑄鬻鹽，財或累萬而不佐公家之急，於是黎民重困，而摧浮淫幷兼之議起矣。

第二款　錢幣之制度

漢初以秦錢重難用，令民更鑄莢錢，孝文時更鑄四銖錢，其文爲半兩，除盜鑄錢令，使民放鑄。賈誼上疏言「法錢不立，民用錢，郡縣不同，姦錢日多，市肆異用，其爲禍博矣，」帝不聽。武帝時，縣官往往卽多銅而鑄錢，民亦盜鑄，不可勝數，錢益多而輕，物益少而貴，於是有司議改幣制，以白鹿皮方尺，緣以繢，爲皮幣値四十萬，王侯宗室朝覲聘享，必以皮薦璧，然後得行。皮幣價値，建築在政府命令之上，實爲今日法幣之權輿。又造銀錫白金三品，其一重八兩，圜之其文龍，名白撰，直三千；其二重六兩，方之其文馬，直五百；其三重四兩，橢之其文龜，直三百；此爲錢幣用文及用銀之嚆矢。令縣官銷半兩錢，更鑄三銖錢，重如其文，盜鑄諸金錢罪皆死，而吏民之犯者，仍不可勝數。有司言三銖錢輕，輕錢易作奸詐，迺更請郡國鑄五銖錢，周郭其質，令不得摩取鋊。郡國鑄錢，民多姦鑄，錢多輕，而公卿請令京師鑄官赤仄，一當五，賦官用非赤仄不得行。白金稍賤，民不寶用，終廢不行。其後赤仄廢，於是悉禁郡國毋鑄錢，專令上林三官鑄，錢既多，令天下非三官錢不得行。諸郡國前所鑄錢皆廢銷之，輸入其銅三官，而民之鑄錢者益少，計其費不能相當，唯眞工大姦迺盜爲之。史稱「孝武、元狩五年，三官初鑄五銖錢，至平帝、元始初年，成錢二百八十億萬餘云。」

第三款　鹽鐵之法

漢初民得自鬻鹽鐵，武帝時，始以東郭、咸陽、孔僅爲大農丞，領鹽鐵事。咸陽齊之大鬻鹽，孔僅、南陽大冶，皆致生累千金，故帝用之。孔僅、咸陽上言「山海天地之藏，宜屬少府，陛下不私，以屬大農佐賦，」帝從其言，收鹽鐵入官，募民自給費，因官器作鬻鹽，官爲牢盆，禁民私鑄鐵器鬻鹽，犯者釱左趾，沒入其器物，郡不出鐵者，置小鐵官，使屬在所縣，使僅、咸陽乘傳舉行天下，鹽鐵作官府，除故鹽鐵家富者爲吏，使益多賈人，於是漢賈得仕宦爲吏矣。

第四款　算緡榷酤之法

武帝勤師域外，用度大空，始網羅聚斂，利啓多門，歲入之增，什佰於前時。一曰緡錢，諸賈人末作，貰貸買賣居邑貯積諸物，及商以取利者，雖無市籍，各以其物自占，率緡錢二千而算一；諸作有租及鑄（以手力所作而賣之者）率緡錢四千算一，匿不自占，占不悉，戍邊一歲，沒入緡錢，有能告者，以其半畀之。其後楊可告緡徧天下，乃遣使分治郡國緡錢，得民財以億計，奴婢以千萬數，田宅稱是，商賈中家以上，大抵因之破家。二曰車船算，身非爲吏之例，非爲三老，非爲北邊騎士而有軺車，皆出一算，商賈人招車二算，船五丈以上一算。三曰口賦，民年七歲至十四，出口賦錢，人二十三，二十錢以食天子，其三錢者加口錢以補車騎馬。初武帝始定民產子三歲，則出口錢，其後元帝從貢禹之請，改自七歲始，終漢世以爲永制。四曰榷酤，榷酤者，縣官自酤榷賣酒，小民不復得酤也。昭帝時，始罷此令，令民得以律占租賣酒升四錢。

第五款　均輸平準之法

武帝時，言利之臣東郭、咸陽、孔僅外，又有桑宏羊者，以計算用事。宏羊本雒陽賈人子，工心計，年十三爲侍中，後爲治粟都尉，領大司農，代孔僅斡天下鹽鐵，宏羊以諸官各自市相爭物以故騰躍，而天下賦輸或不償其僦費，迺請置大農部丞數十人，分郡主郡國，置均輸鹽鐵官，令遠方各以其物，如異時商賈所轉販者爲賦，而相灌輸，郡置輸官，以掌給運，名曰均輸。開委府於京師，都受天下貨物，貴即賣之，賤即買之，使富商大賈無所牟大利，而萬物不得騰踴，故曰平準。元封元年，置均輸官，各地均輸，歲收帛五百萬匹，軍費所需，悉仰大農，收入甚豐，國用充裕，惟商民頗苦不便耳。

第六款　病商之政

武帝時，令賈人有市籍及家屬皆無得名田以便農，一人有市籍，則身及家內皆不得有田，犯令者沒入田貨（貨指田中所出）農商之分，實自此始。而算緡軺車之法，興商者益少，病商者多，國用雖贍，而商業不進。蓋春秋、戰國以來，一大變革矣。桑、孔諸人，皆以商賈致通顯，而其立法未嘗爲商人計，是商賈之爲世所賤，乃商人有以自致之，非學士大夫之咎也。漢初商人不得爲吏，而商業反興，武帝時，商賈得仕宦以至於大農丞，而商業反衰，然則商業之盛衰，初不繫在上者之貴賤明矣。

第四節　漢代之重要都會

漢代都會，最重要者，爲關中及巴蜀。關中故有鄠杜竹林，南山檀柘，號稱陸海，爲九洲膏腴。漢都長安，又常徙高訾富人及豪桀并兼之家於諸陵，故五方雜厝，風俗不純，其世家則好禮文，富人則商賈爲利。巴蜀亦沃野地饒巵，薑丹砂石銅鐵竹木之器，南御滇僰僰僮，西近邛笮笮馬旄牛，其民之詣京師者，往往齎刀布蜀物爲貨，其商業之盛可知矣。次於關中、巴蜀者爲三河，昔唐人都河東，殷人都河内，周人都河南，三河在天下之中若鼎足，王者所更居也，建國各數百千歲，土地狹小，民人衆多，都國諸侯所聚會，故其俗纖嗇習事。楊、平陽陳西賈秦翟，北賈種代；温軹西賈上黨，北賈趙中山；洛陽東賈齊、魯，西賈梁、楚；三河之物產雖不多，亦商業要地也。三河之外，最著之都會凡八：一曰邯鄲，漳河之間一都會也，北通燕涿，南有鄭、衛；二曰燕，勃碣之間一都會也，南通齊、趙，東北邊胡；三曰臨淄，海岱間一都會也，其俗寬緩闊達而足智，頗有桑麻之業，而無林澤之饒；四曰陶睢陽，鴻溝以東，芒碭以北，一都會也，其俗多君子，好稼穡，雖無山川之饒，能惡衣食，致其畜藏；五曰宛，南陽一都會也，有海鹽之饒，章山之銅，三江、五湖之利；七曰壽春，南楚之都會也，皮革鮑木輸會合肥，而壽春取給焉；八曰番禺，揚、越一都會也，珠璣犀瑇瑁果布之湊，中國往商賈者，多取富焉。八都會之外，如陳在楚、夏之交，通魚鹽之貨，其居民多賈，亦有足稱。至楚、越之地，地廣人稀，飯稻羹魚，或火耕而水耨，果蓏蠃蛤，不待賈而足，地勢饒食，無饑饉之患，以故呰窳偸生，無積聚而多貧，是故江淮以南，無凍餓之人，亦無千金之家。

第五節　漢代之市制

鹽鐵論曰「自京師東西南北，歷山川，經郡國，諸殷富大都，無非街衢互通，商賈之所臻，萬物之所殖者，」漢代都市殷盛之狀，想必邁越古初。今按三輔黃圖、長安市有九，各方二百六十六步，六市在道西，三市在道東，凡四里爲一市，致九洲之人，市樓皆重屋，又曰旗亭，樓在杜門（漢都城凡十二門，杜門者，南出東第一門，）大道南又有當市樓，及令署以察商賈貨財買賣貿易之事，三輔都尉掌之。又有直市，爲秦文公所造，物無二價，故以直市爲名，是漢之市廣大於周也，漢東西市各有令長，皆屬京兆尹（見漢書百官表）其郡國市制有吏，（尹翁歸傳，大將軍霍光秉政，諸霍在平陽，奴客持刀兵入市，鬭變，吏不能禁，及翁歸爲市吏，莫敢犯者，公廉不受餽，百賈畏之）有嗇夫（何武傳，武弟顯家有市籍，租常不入縣，數負其課，市嗇夫捕辱顯家，）邊界則有軍市，（馮唐傳，魏尙爲雲中守，軍市租盡以給士卒，）而外戚豪家得於私第立市，（元后傳王根第中立兩市，）此其制之略可考見者也。（游俠傳長安熾盛街衢，各有豪俠，禹章在城西柳市，號曰萬子夏，又曰酒市，趙君都、賈子光皆長安名豪，是漢時豪俠往往藏身於都市也。）

第六節　漢代之貨殖家

漢之貨殖家，如秦陽以田農而甲一州；翁伯以販脂而傾縣邑；張氏以賣漿而踰侈；質氏以酒削而鼎食；濁氏以胃脯而連騎；張里以馬醫而擊鐘；雖皆循守事業，積累贏利，然未必盡爲商人之著者。惟魯丙氏、齊刁間、周師史等，與秦之卓氏、程鄭、孔氏等抗衡。丙氏以鐵冶起富至鉅萬，然家自父兄子弟約，俛有拾，仰有取，貰貸行賈徧郡國，是丙氏以勤著也。齊俗賤奴虜，而刁間獨愛貴之，桀黠奴人之所患，惟刁間收取使之逐魚鹽商賈之利，或連車騎，交守相，然愈益任之，終得其力，起數千萬，是刁氏以衆勝也。周人既纖而師史尤甚，轉轂百數，賈郡國無所不至，雒陽街居在齊、秦、楚、趙之中，富家相矜以久賈，過邑不入門，設任此等，故師史能致七千萬，是師史以久成也。三氏之外，又有任氏及毋鹽氏，任氏以居積著，秦之敗也，豪傑爭取金玉，任氏獨窖倉粟，楚、漢相距滎陽，民不得耕種，米石至萬，而豪傑金玉，盡歸任氏，任氏以此致富。吳、楚兵起，時長安中列侯封君，行從軍旅，齎貸子錢，子錢家以爲侯邑國在關東，關東成敗未決，莫肯予，唯毋鹽氏出捐千金貸其息十之，三月，吳、楚平，一歲之中，則毋鹽氏息十倍，用此富埒關中，稽其歷史，皆卓然可傳。降及成、哀之時，長安王君房賣丹，樊少翁王孫大卿賣鼓，均能高貲累鉅萬；臨淄姓偉，杜陵樊嘉貲各五十萬；雒陽張長叔、薛子仲貲各十千萬，其姓氏雖傳，惜未能得其事實耳！

第七節 漢代以商業拓地

漢代商賈，以蜀人所至爲最遠，其時兵事往往因商賈而肇釁。建元中番陽令唐蒙使南越，南越食蒙枸醬，蒙問所從來，曰：道西北牂牁江，牂牁江廣數里，出番禺城下，蒙歸，問蜀賈人，賈人曰，獨蜀出枸醬，多持竊出市夜郎，夜郎故役屬於南越，蒙乃上書請通夜郎，道浮船牂牁江，出不意，擊南越，故漢之通夜郎，實起於賈人之售枸醬。又元狩元年，博望侯張騫使大夏，來言居大夏時，見市布邛竹杖，使問所從來，曰：從東南身毒國，可數千里，得蜀賈人市，騫因盛言大夏在漢西南，慕中國，患匈奴隔其道，誠通蜀身毒國道便近有利無害，於是天子乃使使出西夷，求通身毒國，而得滇國，置益州郡，是漢之得滇，亦因賈人之售布杖。是漢代之拓地，其動機多由於商業也。

第八節　西域之通商

西域之交通於中國，實自漢武帝時代始。武帝因匈奴常寇邊郵，謀結合烏孫、大月氏諸國與之抗，乃於建元二年命張騫率百餘人出使西域，騫率百餘人由長安出發，道出隴西，經匈奴，爲所捕獲，抑留十餘年，乃得乘隙脫逃，西走至大宛，動以財物之利，乃由大宛道至康居，更由康居以達大月氏。時大月氏王已爲胡所殺，立其夫人爲王，已臣大夏而君之，騫從月氏至大夏，竟不得要領，留歲餘還，是爲漢初開通西域之大概情形。騫通西域後，武帝以諸國貴漢財物，頗欲誘令入朝，以爲外臣，乃於元狩元年又使騫往西域，騫卽分遣副使使大宛、康居、月氏、大夏烏孫諸國，於是西域諸國始通於漢。

第九節　王莽之改制

第一款　限制民田

漢至哀、平之時，百姓貲富，不及文、景，而天下戶口最盛，此正民有餘而食不足之時也，蹈常襲故，猶慮其生計之日窘，況又加以變革限制其生計乎?史稱『王莽因漢承平之業，府得百官之富，天下晏然，莽一朝有之，心意未滿，乃分裂州郡，改職作官，更名天下田曰王田，奴婢曰私屬，皆不得買賣。其男口不滿八，而田過一井者，分餘田與九族鄉黨，犯令法至死，又以邊兵二十餘萬人，仿縣官衣食，用度不足，橫徵苛斂，於是人民貧困，盜賊盛起，穀價翔貴，亡有平歲』。莽之能篡奪漢祚，而不能保有者，其原因實由於此。蓋篡奪之事，僅劉氏一姓之禍，至於限制民田，蹙其生計，重以苛斂諸法，使之離散流亡，則其反動之力，必有甚於所受者，此歷代末造之通例，不獨漢末為然也。

第二款　改革幣制

民田限制，商賈猶未受其害，錢幣之輕易改變，實足以妨害商賈之生計。莽居攝時，變更漢朝幣制，以周制有子母相權，於是更造大錢，徑寸二分，重十二銖，文曰大錢五十。又造契刀錯刀二品，契刀其環如大錢，身形如刀，長二寸，文曰契刀五百；錯刀以黃金錯其文曰一刀直五千，與五銖錢凡四品並行。莽即眞，以爲書劉字有金刀、迺罷錯刀，契刀及五銖錢，而更作金銀龜貝錢布之品，名曰寶貨。凡寶貨五物六名二十八品，錢貨六品，小錢值一重一銖，徑六分；幺錢值一十，重三銖，徑七分；幼錢值二十，重五銖，徑八分；中錢值三十，重七銖，徑九分；壯錢值四十，重九銖，徑一寸；大錢值五十，重十二銖，徑寸二分。金貨一品，黄金一斤值錢萬，銀貨二品；朱提銀重八兩爲一流，值一千八百五十，它銀一流，值一千。龜寶四品，元龜岠冉長尺二寸，值二千一百六十，爲大貝十朋；兩貝爲朋，值二百一十六，元龜十朋，值二千一百六十；公龜長九寸，值五百，爲壯貝十朋；侯龜長七寸以上，值三百，爲幺貝十朋；子龜長五寸以上，值百，爲小貝十朋。貝貨五品；大貝四寸八分以上，二枚爲一朋，值二百一十六；壯貝三寸六分以上，二枚爲一朋，值五十；幺貝二寸四分以上，二枚爲一朋，一朋直三十；小貝寸二分以上，二枚爲一朋，直十；漏貝不滿寸二分，一枚值錢三，不得爲朋。布貨十品：大布、次布、弟布、壯布、中布、差布、厚布、幼布、幺布、小布、小布長寸五分，重十五銖，值一百，自小布以上，各相長一分，相重一銖，值各加一百，上至大布，長二寸四分，重一兩，值千錢，鑄作錢布，皆用銅，殽以連錫，文質周郭，倣漢五銖錢，其金錢與他物雜，色不純好，龜不盈五寸，貝不盈六分，皆不得爲寶貨。元龜爲蔡，非四民所得居，有者入大卜，受直，百姓憒亂，其貨不行；民私以五銖錢市買，莽患之，詔敢非井田及挾五銖錢者，爲惑衆，投諸四裔，以禦魑魅，於是農商失業，食貨俱廢，民多涕泣於市道，莽不得已迺但行小錢值一，與大錢五十，二品並行。至天鳳元年，廢大小錢，改作貨布（長二寸五分，廣一寸，首長八分有奇，廣八分，其圜好徑二分半，足枝長八寸，間廣二分，其文右曰貨，左曰布，重二十五銖，值貨泉二十五）與貨泉（徑一寸，重五銖，其右曰貨，左曰泉，每枚值一）二品並行。其後又以大錢屢行屢廢，恐民仍沿用不改，遂令民獨行大錢，與新貨泉並行，盡六年，毋得復挾大錢矣。每一易錢，民用破業，而大陷刑。夫錢幣之用，專取簡便，而改革幣制，亦宜行之以漸，使舊錢日少，新錢日多，人民習用，不覺其變，始得爲之，若以一二人之私意，巧立名稱，驟加改變，輒欲以國家權力，強民必從，此豈有當哉？

第三款　五均六筦之法

莽以古代市有五均，乃於長安及五都，立五均官，更名長安東西市令，及洛陽、邯鄲、臨淄、宛、成都市長，皆爲五均司市稱師，東市稱畿，洛陽稱中，餘四都各用東西南北爲稱，皆置交易丞五人，錢府丞一人，工商能采金銀銅連錫登龜取貝者，皆自占於司市錢府，順時氣而取之。諸司市常以四時中月，實定所掌，爲物上中下之賈，衆民買賣五穀布帛綫之物，周於民用而不讎者，均官以本賈取之，毋令折錢，萬物卬貴，過平一錢，則以平賈賣與民，其賈氏賤減平者，聽民自相與市。其六筦之法，（莽傳作六筦，食貨志作六斡，斡卽筦也）曰：鹽酒鐵布銅冶六者，非編戶齊民所能家作，必卬於市，雖貴數倍，不得不買。再一筦爲設科條防禁，犯者辠至死，遂致姦吏猾民並侵，衆庶各不安生矣。

第四款　莽之重商

莽之新制，雖多妨害商人之事，然未嘗不重商賈，督五均六筦，郡有數人，皆用富賈，以洛陽張長叔、薛子仲與臨菑、姓偉等諸大商，求利交錯天下，是當時富商大賈，亦有以貲望得高位擅大權者。又莽制民欲貸財治產業者，命錢府均授之，除其費，計所得受息毋過歲什一，蓋仿周官泉府之制，其用意不可謂不善。他如商販賈人，坐市列里區謁舍，皆各自占所爲於其所在之縣官，除其本，計其利，十一分之，而以其一爲貢，敢不自占，自占不以實者，盡沒所得。其法雖近於擾民，然實與近世各國營業稅之制相合，亦未可以厚非也。

第二章　東漢之商業

第一節　東漢商人之狀況

新莽之末，天下大亂，羣雄競起，商業因以不振，而鬻財轉貨者，猶往往以之自立，如第五倫之販鹽，（本傳王莽末，將家屬客河東，變名姓，自稱王伯齊，載鹽往來太原、上黨間，所過輒爲糞除而去，）樊重之貨殖（楚宏傳父重字君雲，善農稼，好貨殖，其營理產業，物無所棄，課役童隷，各得其宜，故能上下戮力，財利數倍，東觀漢記曰「樊重治家產業起治廬舍，閉門成市，」）均著稱於史册，故光武定鼎之後，商業之繁盛，仍不下於西漢。王符潛夫論曰『今舉俗舍本農而趨商賈，牛馬車輿，塡塞道路，遊手爲巧，充盈都邑。』仲長統昌言曰『豪人之室，連株數百，膏田滿野，奴婢千羣，徒附萬計，船車賈販，周於四方，廢居積貯，滿於都城，』其言雖或過當，然亦可以推見後漢商業之繁榮矣。

第二節　限制商人之議

光武初年，桓譚爲議郎給事中，上疏陳時政所宜，有曰「夫理國之道，舉本業而抑末利，是以先帝禁人二業，錮商賈不得仕宦爲吏，此所以抑兼幷長廉恥也。今富商大賈，多放錢貨，中家子弟，爲之保役，趨走與民僕等勤，收稅與封君比入，是以衆人慕效，不耕而食，至乃多通侈靡，以淫耳目。今可諸商賈自相糾告，若非身力所得，皆以藏畀告者，如此則專役一己，不敢以貨與人，事寡力弱，必歸功田畝，田畝脩則穀入多，而地力盡矣。」其議不果行，蓋商業繁盛之際，欲挽之使歸農畝，殊非易事也。

第三節　官吏之爲商

漢代官吏，恆以私財經商（黃禹傳嘗上言：「欲令近臣自諸曹侍中以上，家無得私販賣，與民爭利，販者輒免官削爵，不得仕宦。」）而學者亦善於爲商（三輔黃圖曰：「元始四年起會市，諸生朔望會此市，各持其郡所出貨物及經書傳記磬笙器物，相與買賣，雍容揖讓，或論議槐下。」）故東漢猶沿此風，宋宏不與民爭利，卽相傳爲盛德。（東觀漢記曰「司空宋宏，嘗受俸得鹽豉千斛，遣諸生糶之，鹽賤諸生不糶，宏怒便遣及其賤，悉糶賣，不與民爭利。」）其時官吏與民爭利，可想而知，世祖憐劉盆子因疾失明，賜均輸官地，以爲列肆，使食稅終其身，則又出自特恩，與以私財經商者有別。至後漢之末，風俗漸變，士大夫以牟利爲恥，崔寔酤釀販鬻，卽見譏於時，（寔免官歸，剽賣田宅，以酤釀販鬻爲業，時人多以此譏之，寔終不改，亦取足而已，不取盈餘，）此亦可見一代俗尚之不同也。

第四節　商業繁盛之地

後漢書孔奮傳稱「奮於建武中守姑臧長，時天下擾亂，惟河西獨安，而姑臧稱爲富邑，通貨羌胡，市日四合，每居縣者，不盈數月，輒至豐積，時姑臧以羌胡通商而著也。」又賈琮傳稱「交阯土多珍產，明璣翠羽犀象瑇瑁異香美木之屬，莫不自出。」朱暉傳「尚書張林，請因交阯、益州上計吏，往來市珍寶，收采其利，」是交阯以土產富饒而著也。又鄭宏傳，舊交阯七郡，貢獻轉運，皆從東冶汎海而至，風波艱阻，沈溺相係，宏奏開零陵、桂陽嶠道，」於是而後，交阯貨物流衍中土，良由交通之道，便於前漢之故，此治商業史者所當注意者也。

第五節　東漢之鹽鐵政策

西漢武帝之時，鹽鐵均由官專賣，鹽鐵不良，而價復貴。東漢、光武除專賣之法，弛私煑之禁，惟徵稅以佐國用，郡縣出鹽多者，置鹽官，主收鹽稅，鐵多者，置鐵官，主鼓鑄。明帝時，雖改由官鬻鹽，而鐵仍聽民鼓鑄，以徵其稅。和帝即位，又罷鹽鐵之禁，縱民煑鑄，而由縣官徵收其稅。東漢之鹽鐵事業，大體上係由民私營也。

第六節　貨幣之制度

東漢之初，光武復鑄五銖錢，天下以爲便。章帝時議復大錢，論者欲以布帛代錢，封錢勿出，和帝時，並有請改鑄大錢者，均未能見諸事實。至靈帝中平三年，鑄四出文錢。據張讓傳載「又鑄四出文錢，錢皆四道，識者竊言，侈虐已甚，形象兆見，此錢成，必四道而出。及京師大亂，錢果流布四海。」獻帝初平中，董卓乃更鑄小錢，由是貨輕而物貴，穀一斛至錢數百萬，至魏武爲相，於是罷之，還用五銖。

第七節　通商之概況

東漢之世，北與鮮卑互市，（鮮卑隔在漠北，犬羊爲羣，無君長之帥，廬落之居；而天性貪暴，不拘信義，數犯障塞，且無寧歲，唯至互市，乃來廱服。）東與島夷通商，（東夷列傳，夷洲及澶洲世世相承，有數萬家人民，時至會稽市）南接蠻獠（太平寰宇記，左洲晉城縣蠻渠歲時於石溪口通商，有馬會。說文曰，馬會今之獠市。）西通大秦，（西域傳同時大秦王常欲通使於漢，而安息欲以漢繒綵與之交市，故遮閡不得自達。和帝永和元年，班超遣甘英使大秦，抵大秦、條支臨大海欲渡，而安息西界船人謂英曰『海水廣大，往來者逢善風三月乃得渡，若遇遲風，亦有二歲者，故入海者，皆齎三歲糧以行，海中善使人思土戀慕，數有死亡者，』英聞之，乃止。）至桓帝延熹九年，大秦王安敦遣使自日南徼外獻象牙犀角瑇瑁，（按大秦卽東羅馬帝國，漢人所以名其國爲大秦者，因其人民長大平正，有類於吾。）此時中國與大秦始得舉行直接交易。至於兩國交易之商品，由中國輸出於羅馬者以生絲繒絹之屬爲大宗，而由羅馬輸入於中國者，以珠玉香料等類爲大宗。東漢商業所及之地域，較之西漢更爲廣遠，而其時之商人，既善經商，復能尚武，永元六年秋，班超發龜茲鄯等八國兵合七萬人，及吏士賈客千四百人，討焉耆，是其時在西域之賈客，能隨班超入伍，與今之西人商於中國，練爲商團者無異也。

第三章　三國之商業

第一節　三國立國之本

漢末大亂，年饑物貴，穀一斛五十餘萬錢，人民生計之困，殆無以復加，而其後三國鼎立，各保疆宇，轉餉治兵，概能支持不匱者，則以立國各有根本，割據之初，無不先籌經濟，故能裕國而贍軍也。魏志稱『羽林監潁川棗祗建議屯田，太祖以任峻爲典農中郎將，募百姓屯田許下，得穀百萬斛，郡國列置田官，數年之中，所在積粟，倉廩皆滿，軍國之饒，起於棗祗，而成於峻。』是魏以農業立國也。又衞覬傳『覬與荀彧書稱關中膏腴之地，頃遭荒亂，人民流入荊州者十餘萬，宜如舊置使者，監賣鹽，以其直益市犂牛，若有歸民，以供給之，勤耕積粟，以豐殖關中，遠民聞之，必日夜競還，太祖從之，遂遣謁者僕射監鹽官。』又徐邈傳『邈爲涼州刺史，領護羌校尉，河右少雨，常苦乏穀，邈上修武威酒泉鹽池，以收廣穀，又廣開水田，募貧民佃之，家家豐足，倉廩盈溢，乃支度州界軍用之餘，以市金帛犬馬，通供中國之費。」是魏之國力兼足穀運鹽二者而後盛也。蜀先主之初起也，得富商之力爲多，蜀志先主傳『中山大商張世平蘇雙等貲累千金，販馬周旋於涿郡，見而異之，乃多與之金財，先主由是得用合徒衆。』麋竺傳『祖世貨殖，僮客萬人，貲產鉅億，竺進妹與先主爲夫人，奴客二千，金銀貨幣，以助軍資。』又既定蜀，蜀富足，時俗侈奢，貨殖之家，侯服玉食。先主又置司鹽校尉較鹽鐵之利；利入甚多，有裨國用，而西南邊徼金銀犀革鹽鐵之利，復多輸入，此蜀之所以興也。吳自孫堅時卽以商旅爲兵，吳志、孫堅傳『堅爲朱雋佐軍司馬，鄉里少年，隨在下邳者，皆願從，堅又募諸商旅，及淮泗精兵合千許人。』觀三國諸帝所經營，卽可見其時國家之財政與人民之生計；世之讀史者，徒震於三國之時，勇將如雲，謀臣如雨，而不知其命脈之所繫而發明之，此史學之所以晦也。

第二節　三國之通商

漢室衰微，羣雄割據，釀成三國鼎立之局，在政治上雖此疆彼界，互相敵視，足以阻礙商業之發展；然商旅之往來，未加禁阻，貿易之事，亦多見於史册。史稱『魏使至吳，以馬易珠璣翡翠瑇瑁。』丹陽記謂『江東歷代尙未有錦，而成都獨稱妙。』故三國魏則市於蜀，而吳亦資西道，凡此諸端，實爲蜀、魏、吳三國通商之明證。

第三節　蜀之商業

史稱『蜀先主取蜀，以蜀中金銀，分賜將士，而還其穀帛，又立官市以平物價，數月之間，府庫充實。』左思蜀都賦謂『百室離房，機杼相和，貝錦斐成，濯色江波，黄潤比筒，籝金所過，』足見成都絲織業之盛。大秦商賈之來亞洲者，除在交趾互市外，復經水道至益州、永昌（今雲南保山縣一帶），大秦常利得中國絲，解以爲胡綾，按永昌屬蜀，大秦貨物之入永昌者，必與蜀市，是蜀與大秦有貿易上之關係矣。

第四節　魏之商業

魏之商業上地利，雖不若吳、蜀，然觀左思魏都賦，其經濟上之繁榮，可以想見。至與外夷交易，亦有可觀。鮮卑酋長曾至魏貢獻，並求通市，曹操表之爲王。鮮卑之人嘗詣幷州互市；日本亦嘗入貢於魏。明帝時，司馬芝爲大司農，以諸典農各部吏民，末作治生以要利，入上奏曰『王者之治，崇本抑末，務農重穀，方今二虜未滅，師旅不息，國家之要，唯在穀帛，武皇帝特開屯田之官，專以農桑爲業，建安中天下倉廩充實，百姓殷足，自黃初以來，聽諸典農治生，各爲部下之計，誠非國家大體所宜也，臣愚以爲不宜復以商事雜亂，專以農桑爲務，於國計爲便，』明帝從之。夫吏民趣重商業，宜與農業並重，而芝但知務農，而不知奬勵商業，此魏之所以衰也。

第五節　吳之商業

吳握有揚子江流域，商業上地位優越，長江一帶，帆檣如織，荆州，北據漢沔，東連吳會，西通巴蜀，南盡南海，交通便利，商賈輻輳，江流所貫，匯爲富源，至與外夷交易，史乘亦有可稽，吳志孫權傳黃龍三年，遣將軍衞温、諸葛直將甲士萬人，浮海求夷洲、亶洲，亶洲在海中，世相承有數萬家，其上人民，時有至會稽貨布，會稽東縣人海行，亦有遭風至亶洲者，所在絕遠，不可得至；但得夷洲數千人還。梁書諸夷傳『孫權黃武五年，大秦賈人字秦倫來交趾，太守吴邈遣使詣權，權差吏會稽劉咸送倫，咸於道物故，倫乃巡還本國。』

吴之末造，虐民病商，孫皓愛妾，使人至市劫奪百姓財物，司市中郎將陳聲素皓幸臣也，恃皓寵遇，繩之以法，妾以愬皓，皓大怒，假他事燒鋸斷聲頭。吴末邊境互市諸將，亦以襲奪爲功，晉書周浚傳『初吴之未平也，浚在弋陽，南北爲互市，而諸將多相襲奪以爲功，吴將蔡敏守於沔中，其兄珪爲將，在秣陵與敏書曰：古者兵交，使在其間，軍國固當舉信義以相高，而聞疆埸之上，往往有襲奪互市，甚不可行，弟慎勿爲小利而忘大備也。候者得珪書以呈浚，浚曰，君子也。』吴之風俗奢侈，以商爲最華覈嘗上疏教孫皓曰：『今事多而役繁，民貧而俗奢，百工作無用之器，婦夫爲綺靡之飾，不勤麻枲，而繡文黼黻，轉相倣效，耻獨無有，兵民之家，猶復逐俗，内無擔石之儲，而出有綾綺之服，至於富賈商販之家，重以金銀，奢侈尤甚。』後世吴中商賈，奢侈綺靡，甲於他省，觀覈此疏，可知其由來者久矣。

第六節　三國時幣制

劉備在益州鑄直百五銖，徑一寸一分，重八銖，又鑄傳形五銖，五字居左，銖字居右，仿傳形半兩爲之。孫權嘉禾五年，鑄大錢一當五百，詔使吏民輸銅，計銅畀值，設盜鑄之科。赤烏元年，鑄一當千大錢，徑一寸四分，重十六銖。至赤烏九年，孫權以民多不以大錢爲便，乃下詔罷之。魏文帝黃初二年，罷五銖錢，使民以穀帛爲市，明帝時復行五銖錢。三國之時，金屬貨幣，不甚通行，而穀帛之屬，亦遂取得貨幣資格，其原因有二：一則惡錢之濫鑄，如董卓之小錢，蜀、吳之大錢，使錢幣本身之價值慘落；一則由初期大亂中，產業窳敗，金屬貨幣，大失其交換效用，人民遂有賤金錢貴實物之心理也。

第四章　兩晉及南朝之商業

第一節　兩晉商業之概況

晉代統一中國，商業復興，但歷時未久，便爲五胡所擾亂，中原淪沒，商業中衰，但長江流域，漸成富庶之區，蓋自孫氏據有江東以來，長江流域已有日趨繁榮之勢，及晉室南渡，中原貲財，大半隨之南遷，經濟中心，亦由北而移於南，故三國、兩晉之時，實爲我國南北經濟消長之一大關鍵。晉武帝時齊王攸奏疏，謂『都邑之內，游食滋多，巧伎末作，服飾奢麗，富人兼美，猶有魏之遺弊，染化日深，靡財害穀，動以萬計。』觀此晉代國內商業之盛，可想而知。至國外貿易，亦略見端倪，如日本、大宛、康居等國，皆曾來貢獻，晉書稱『大宛善市賈，爭分銖之利，得中國金銀，輒爲器物不爲幣。』

第二節　風俗之貪鄙

晉元康之後，綱紀大壞，魯褒傷時之貪鄙，乃隱姓名而著錢神論以刺之曰：「錢之爲體，有乾坤之象，內則其方，外則其圓，其積如山，其流如川，故能長久，爲世神寶，親之如兄，字曰孔方，失之則貧弱，得之則富昌，解嚴毅之顏，發難開之口，錢多者處前，錢少者居後，處前者爲君長，在後者爲臣僕，君長者豐衍而有餘，臣僕者窮竭而不足。錢之爲言泉也，無遠不往，無幽不至，京邑衣冠，疲勞講肄，厭聞淸談，對之睡寐，見我家兄，莫不驚視。錢之所祐，吉無不利，何必讀書，然後富貴，是故忿爭非錢不勝，幽滯非錢不拔，怨讎非錢不解，令問非錢不發，洛中朱衣，當途之士，愛我家兄，皆無已已，執我之手，抱我終始，不計優劣，不問年紀，賓客輻輳，門常如市，諺曰，錢無耳，可使鬼，凡今之人，惟錢而已。」當時社會狀況，具見此論。沿及南朝，風氣卒未稍變，梁武弟臨川王宏性愛錢，百萬一聚，黃榜標之，千萬一庫，懸一紫標，如此三十餘間，計見錢三億餘萬，餘屋貯布絹絲綿漆蜜紵蠟朱沙黃屑雜貨，但見滿庫，不知多少，豫章王綜遂仿錢神論，作錢愚論以譏之，（見南史）其文雖不傳，而大旨亦可以想見矣。

第三節　帝王之好爲商賈

兩晉、南朝之人，因貪成鄙，成爲風氣，以帝王之尊，尙樂效商賈販鬻之事。晉愍懷太子遹於宮中爲市，使人屠酤手，揣斤兩，輕重不差。會稽王道子使宮人爲酒肆，酤賣於水側，與親暱乘船就之，飲宴以爲笑樂。後宋廢帝昱喜入市里，晨夕馳逐，凡諸鄙事，過目則能，鍛鍊金銀，裁衣作帽，莫不精絕。宋書齊東昏侯起芳樂苑，於苑中立市，使宮人屠酤，貴妃潘氏爲市令，帝爲市魁，執罰，爭者就潘氏判決，又開渠立埭，躬自引船，埭上設店，坐而屠肉等事，皆可駭怪。幼主恆於華林園，立貧窮村舍，帝日弊衣爲乞食兒，又爲窮兒之市，躬自交易，亦染南朝之習。此必當時市井齷齪，樂易優游，較之帝王，反有過之，故生長王室者，甘於效此賤役也。帝王之心理如此，故臣僚之習俗亦然。王戎性好興利，廣收八方園田水權，周徧天下，積實聚錢，不知紀極，每自執牙籌，晝夜計算，恆若不足。家有好李，常出貨之，恐人得種，恆鑽其核。劉胤領江州刺史，縱酒躭樂，不恤政事，大殖財貨，商販百萬。鄧琬性鄙闇，貪吝過甚，財貨酒食，皆身自量校，使婢僕出市販賣，亦可見上下相效之風矣。當時風氣之壞，不止於好爲商販，如晉石崇爲荆州刺史，劫遠使商客，致富不貲。宋、元徽中張興世爲雍州刺史，還家擁貲三千萬，蒼梧王自領人劫之，一夜垂盡，則又行同寇盜矣。

第四節　梁益交廣諸州之富

兩晉、南朝各地富庶之狀，史不多見，惟自史傳所述官吏貪廉之迹覘之，猶可得其梗概，南史稱宋劉秀之，當孝武時，都督梁、南秦二州，後遷益州刺史，折留俸祿二百八十七萬，付梁州鎮庫，此外蕭然。梁、益豐富，前後刺史，莫不大營聚畜，多者致萬金，所攜賓僚，並都下貧子，出爲郡縣，皆以苟得自得自資，秀之爲政整肅，遠近悅焉，是梁、益豐富之實狀也。又孝武帝以垣閎爲交州刺史時，交土金寶，閎罷還資財鉅萬，明帝初，以爲益州刺史，蜀還之貲，亦數千金，明帝詔獄官留閎，於是悉送資財，然後被遣，凡蠻夷不受鞭罰，輸財贖罪，謂之賧，時人謂閎被賧刺史，是交州豐富之實狀也。又王琨於宋孝建中都督廣州，南土沃實，在任者常致巨富，世云，廣州刺史，但經城門一過，便得三千萬。又梁蕭勱爲廣州刺史，廣州邊海舊饒，外國舶至，多爲刺史所侵，每年舶至不過三數，及勱至，纖毫不犯，歲十餘至，勱數獻軍國所需，相繼不絕，武帝歎曰：「朝廷便是更有廣州，」是廣州豐富之實狀也。又如梁、武陵王、紀都督益州，在蜀十七年，南開甯州、越嶲，西通資陵、吐谷渾，內脩耕桑鹽鐵之功，外通商賈遠方之利，故能殖其財用，器馬般積，黃金一斤爲餅，百餅爲簉，至有百簉，銀五倍之，其他錦罽繒采稱是，又得賈胡，爲主金帛。（北史何妥傳父細腳胡，通商入蜀，遂家郫縣，事梁武陵王紀，主知金帛，因致巨富，號爲西州大賈）是各州之富，大抵由於通商也。

第五節 市津之制

魏、晉大都會之市，有市長，有市丞。洛陽有三市：金市在大城西，南市在大城南，馬市在大城東。建業有四市：大市、東市，孫權所建，北市，孫休所立，鬬場市，晉安帝時始有。晉自過江，凡貨賣牛馬田宅，有文劵，率錢一萬，輸估四百入官，賣者三百，買者一百，無文劵者，隨物所堪，亦百分收四，名爲散估，歷宋、齊、梁、陳如此，以爲常。蓋以人競商販，不爲田業，故使均輸，欲爲懲勵，雖以此爲辭，其實利在侵削。又都西有石頭津，東有方山津，各置津主一人，賊曹一人，直水一人，以檢察禁物及亡叛者。其荻炭魚薪之類，過津者並十分稅一以入官，其東路無禁貨，故方山津檢察甚簡，淮水北有大市百餘，小市十餘所，大市備置官司，稅斂既重，時甚苦之。

第六節　逆旅與商賈之關係

晉書潘岳傳：岳爲懷令時，以逆旅逐末廢農，奸淫亡命，多所依湊，敗亂法度，勅當除之，十里一官樆，使老小貧戶守之，又差吏掌主，依客舍收錢。岳議曰：『謹按逆旅，久矣其所由來也，行者賴以頓止，居者薄收其直，交易貿遷，各得其所，魏武皇帝亦以爲宜，其詩曰逆旅整設，以通商賈，方今四海會同，九服納貢，八方翼翼，公私滿路，近畿輻輳，官舍亦稠，冬有溫爐，夏有涼蔭，芻秣成行，器用取給，宜率歷代之舊俗，獲行留之懽心。』議上，朝廷從之，是當時商賈多寄宿於客舍也。然以岳議考之，近畿客舍，稠於他處，則外郡旅逆，蓋猶未廣。齊書稱范雲爲始興內史，入境撫以恩德，罷去亭候，商賈露宿，雖以明政績之美，亦可見旅舍之少矣。又旅舍客商，藏垢納汚，亦有可禁之道，書稱周文育從南海至大庾嶺，宿於旅逆，有賈人求與文育博，文育勝之，得銀二千兩，是其時逆旅有賭博之風也。降及隋世，逆旅益多，雖議撤毀，復不果行，蓋習俗之深，不易改革也。北史李諤傳，開皇中，邳公蘇威以臨道店舍，乃求利之徒，事業汚雜，非敦本之義，遂奏約遺歸農，有願依舊者，在所州縣錄附市籍，仍撤毀舊居，並令遠道，限以時日，時逢冬令，莫敢陳訴，謂因別使，見其如此，以農工有業，各附所安，逆旅之與旗亭，自古非同一轍，卽附市籍，於理不可，且行旅之所依託，豈容一朝而廢，徒爲擾勞，於事非宜，遂專決之，並令依舊。

第七節　幣制之紊亂

晉武伐魏，欲平一江表，以穀賤而布貴，議立平糴，法用布帛市穀，以爲糧儲，事未能行。元帝過江，雜用孫氏舊錢，安帝、元興中，桓元輔政，欲廢錢用穀帛，孔琳議斥之，然晉時各地以穀物交易者，實皆各守其習俗，不盡用錢也。武帝鑄五銖錢，後又罷之，鑄鐵錢，人以鐵錢易得，皆私鑄。大同以後，所在鐵錢，遂如邱山，物價騰貴，交易者以車載錢，不復計數，而爲論貫，商旅姦詐，因之以求利。自破嶺以東，八十爲百，名曰東錢，江郢以上，七十爲百，名曰西錢，京師以九十爲百，名曰長錢。大同元年，下通用足百之詔，迄無效果，錢百益少，至於末年，遂以三十五爲百。陳承梁喪亂之後，兼以粟帛爲貨，後始改用五銖，而嶺南諸州，多以鹽米布交易，俱不用錢，此南朝錢物交易之大略也。

第八節　釋教與商業之關係

東漢以後，釋教大興，東西交通頻繁，而商業亦因之而盛。晉京師道場寺、佛馱跋陀羅本居北天竺，捨衆辭師，裹糧東遊，步驟三載，路經六國，始至交趾，乃附船循海而行，至青州、東萊郡，後西適江陵，復遇外國船主。宋京師祇洹寺、求那跋摩本在罽賓國，隨商人竺難提船欲向一小國，會値便風，遂至廣州。又齊建康、正觀寺、求那毗地本中天竺人，爲人弘厚，萬里歸集，南海商人，咸宗事之。總觀諸傳，是南朝之異域僧徒，大抵隨附商船，涖我海疆，或轉徙內地，或寄居南服，而宗教之力，足以鼓動商賈，此前代所未有也。又宋僧法顯留中天竺三年，學梵語梵書，持經像寄附商船，到師子國，停二年，附商人大船，循海而還，經十餘日，達耶婆提國，停五月，後隨他商，東適廣州，舉帆二十餘日，任風隨流，遂至青州、長廣郡、牢山南岸，是中土釋子，周流異域，亦係商賈交通，始得遂其宏教之願也。

第九節　海南諸國之通商

六朝時南服諸國，與中國交通最盛者，爲林邑、扶南二國，林邑本漢日南郡象林縣，古越裳之界也，其國有金山石皆赤色，其中生金，又出玳瑁、貝齒、吉貝、沈木香。吉貝者，樹名也，其華成時，如鵝毳，紡之可作布，潔白與紵布不殊，亦染成五色，織爲斑布也。漢末大亂，林邑始自立，其王姓范，晉建興中奴文篡立，文故日南夷帥范稚家奴，數商賈，見上國制度，教林邑王范逸，起城池，作宮室，及兵車器械，王寵任之，逸死，文遂自立，宋元嘉中，交州刺史檀和之伐之，破其北界，得黃金數十萬斤，餘物稱是。扶南在林邑西南，出金、銀、銅、錫、沈木香、象牙、孔翠五色鸚鵡，其南界三千餘里，有頓遜國，在海崎上，地方千里，東界交州，西界接天竺、安息徼外諸國，往還交市，其市東西交會，日有萬餘人，珍物寶貨，無所不有。宋末扶南王姓僑陳如名闍耶跋摩，遣南貨至廣州，遭風至林邑，掠其貨物。永明二年，闍耶跋摩復遣使上表，梁時數遣使獻方物，其人黠惠知巧，貨易金銀綵帛，如中國人云。

第五章　北朝之商業

第一節　晉代北方之情形

五胡之亂，中夏分裂，迄於隋、唐，南北始一，故北朝之史，當託始於晉代。五胡之最盛者，首石氏，次苻氏。石虎之都鄴也，宮室衣服，窮極壯麗，中尚有織錦署，其錦之類別，有大高登，小高登，大光明，小光明，大博山，小博山，大茱萸，小茱萸，大交龍，小交龍，蒲桃文錦，斑文錦，鳳皇朱雀錦，韜文錦，桃核文錦，或青綈，或白綈，或黃綈，或綠綈，或紫綈，或蜀綈，工巧百數，不可盡名，可見當時工巧之盛。苻堅盛時，王猛執政，整齊風俗，政理稱舉，關隴清晏，百姓豐樂，自長安至於諸州，皆夾道樹槐柳，二十里一亭，四十里一驛，旅行者取給於途，工商貿遷於道，則商業之興，亦可想見，惜皆不能久享其國，故工商之業，亦盛衰不恆耳。

第二節　後魏商業之繁榮

魏利遊牧，工商諸業，史不多稱。孝文南遷，始尚文治，洛陽市里，蔚然可觀。洛陽城西有四門，南頭第一門曰西明門，次北曰西陽門，出西陽門外四里，御道南，有洛陽大市，周回八里，市東有通商、達貨二里，里民盡皆工巧，以屠販爲生，資財巨萬，有劉寶者，最爲富室，州郡都會之處，皆立一宅，宅各養馬十匹，至於鹽粟貴賤，市價高下，所在一例，舟車所通，人跡所履，莫不商販焉，是以海內之貨，咸萃其庭，產匹銅山，家藏金穴，宅宇踰制，樓觀出雲，車馬服飾，擬於王者。市南有調音、樂肆二里，里內之人，絲竹謳歌，天下妙伎出焉。市西有延酤、治觴二里，里內之人，多醞酒爲業，河東人劉白墮，善釀酒，季夏盛暑，以罌貯酒，暴日中一旬，酒味不動，飲之香美，醉而經月不醒，京師朝貴出郡登藩，遠相饋餉，踰以千里，以其遠至，號曰鶴觴。市北慈孝、奉終二里，里民以賣棺槨，賃輀車爲業。別有準財、金肆二里，富人在焉。凡此十里，多居工商貨殖之民，千金比屋，層樓對出，重門啓扇，閣道交通，迭相臨望，金銀緹繡，奴婢裳衣，五味八珍，僕隷盈門，神龜年中，以工商上僭，議不聽衣金銀緹繡，雖立此制，竟不施行，由此觀之，魏之商業，亦可謂之盛矣。

第三節　異國館里

伊、洛之間，夾御道有四夷館，道東四館，一名金陵，二名燕然，三名扶桑，四名崦嵫。道西四館，一曰歸正，二曰歸德，三曰慕化，四曰慕義。吳人投國者處金陵館、歸正里，北夷來附者處燕然館，三年以後，賜宅歸德里；東夷來附者，處扶桑館，賜宅慕化里；西夷來附者處崦嵫館，賜宅慕義里。自葱嶺以西至於大秦，百國千城，莫不款附，商胡販客，日奔塞下，樂中國土風，因而宅者，不可勝數，是以附化之民，萬有餘家，門巷修整，閶闔增列，青槐蔭陌，綠柳垂庭，天下難得之貨，咸悉在焉。別立市於洛水南，號四通市。伊洛之魚，多於此賣，士庶需膾，皆詣取之，此則大市之外，又有諸國旅客市易之所，規模之宏麗，當亦不亞於大市也。

第四節　南北互市

北朝都市，雖極壯闊，然其商業，疑尚不逮南朝，故於聘問之時，多有隨使臣市易者。北史、崔暹傳：魏、梁通和，要貴皆遣人隨聘使交易，暹唯寄求佛經，梁武聞之，繕寫以幡花寶蓋，贊吹送至館焉。又王昕傳，元象元年，昕聘梁，魏收爲副使還，高隆之求貨不得，諷憲臺劾昕、收在江東大將商人市易，又李偕傳，武定初，兼散騎常侍，爲聘梁使，前後行人，皆通啓求市，偕獨守淸尚，梁人重其廉潔。又魏收傳，武定二年，以託附陳使封孝琰，牒令其門客與行，遇崑崙船至，得奇貨，果然褥美至盈尺等數十件，罪當流，是當時北使至南，因緣交易，雖絺邦交，實同互市也。又崔季舒傳，乾明初爲齊州刺史，坐遣人渡淮平市事，爲御史所劾。又袁翻於正始初，除豫州中正，議選戍事曰『比緣邊州郡，廣開戍邏，多置帥領，或用其左右姻親，或受人財貨請屬，皆無防寇禦賊之心，惟有通商聚斂之意，』是當時緣邊各地鎮守官吏，率多和行市易也。節閔帝普泰元年，詔有司不得復稱僞梁，羅細作之條，無禁鄰國往還，蓋節閔以前，兩國之人，私相往還，皆謂之細作，爲有司所禁，交通商販，非國家所許明矣。

第五節　北齊北周之風氣

北齊之時，商賈干進求利，恆見於史策。北齊書、後主紀，稱其時諸宮奴婢，閹人，商人，胡戶，雜戶，歌舞人等，濫得富貴者將萬數，北史、段孝夏傳，齊時爲中書監，富商大賈多被銓擢，所進用人士，咸是險縱之流，是齊時商賈有仕宦熱中之風也。和士開擅權時，富商大賈，朝夕塡門，士開遭母喪，鄴中富商丁周、嚴興等並爲義孝，則齊之商賈，可謂無恥已極矣。北周商業，亦無足稱，惟北史、韓褒傳稱褒於大統中都督涼州，羌、胡之俗，輕貧弱，尙豪富，豪富之家，侵漁百姓，同於僕隸，故貧者日削，豪者益富，褒乃悉募貧人以充兵士，優復其家，蠲免徭賦，又調富人財物以振給之，每西域商貨至，又先盡貧者市之，於是貧富漸均焉。

第六節　北朝之錢幣

後魏初，鑄泰和五銖，與古錢雜用，但京師及諸州，或不用，或止用古錢，新錢不行，以致商貨不通，貿易阻滯。後來私鑄惡濫，益形薄小，風飄水浮，錢賤物貴，斗米値錢幾至一千。旋鑄永安五銖，以救其弊，但民間私鑄，仍然極多。至北齊時，錢之名目，極爲繁瑣，私鑄亦多，冀州之北，錢皆不行，犖以絹布交易。後周初用魏錢，更鑄布泉；梁、益雜用古錢交易，而河西諸郡，因接壤異國，乃雜用西域之金銀幣，而官不禁。圜法之壞，南北朝如出一轍。推原其故，皆由政府以錢幣爲覓利之方法，其法定價格與實値相差懸殊，高恭所謂徒有五銖之名，而無二銖之實是也。利之所在，人爭趨之，政府徒恃嚴刑峻法而不知根本改革幣制，是不啻敺民犯法，此種罔民政策，實亂世之常態，不獨南北朝時爲然也。

第六章　隋之商業

第一節　煬帝之商政

隨文帝統一南北，人物殷阜，朝野歡娛二十年間，天下無事，則商業之必有起色可知。煬帝嗣立，窮極奢侈，大興土木，大業末年，羣盜四起，市肆蕭然，惟遷徙富商及開鑿運河事有利於商業。煬帝以長安爲西京，而營洛陽爲東都，徙天下富商大賈數萬家以塞之，戶口繁衍，商賈輻輳，洛陽遂爲當時唯一之大市場。至邗溝（今江蘇江北之運河）永濟渠（今衞河山東以北之運河，）江南河（今江南自蘇州、丹徒縣至浙江、杭州之運河）之開通，大爲重要，雖一時徭役殷繁，賈怨百姓，然自是南北之商途暢利，遂開後此千百餘載之富源，功罪固不可相掩也。

第二節　各地之風俗

隨書地理志所述各地風俗習尙，與商業至有關係。其言曰：「京兆爲王都所在，俗具五方，人物混淆，華戎雜錯，去農從商，爭朝夕之利，游手爲事，競錐刀之末；蜀地四塞，山川重阻，水陸所湊，貨殖所萃，其人敏慧輕急，溺於逸樂，人多工巧，綾錦雕縷之妙，殆侔於上國；洛陽俗尙商賈，機巧成俗；魏郡、鄴都浮巧成俗，雕刻之工，特云精妙，士女被服，咸以奢麗相尙；徐、兗諸郡，賤商賈，務稼穡；丹陽舊京所在，人物本盛，小人率多商販，君子資於官祿，市廛列肆，埒於二京，京口毗陵吳郡、會稽等郡，川澤沃衍，有海陸之饒，珍果所聚，故商賈並湊；豫章之俗，頗同吳中，衣冠之人，多有數婦，暴面市廛，競分銖以給其夫；南海、交趾多犀象瑇瑁珠璣諸異珍，故商賈至者，多取富焉。」觀此，則徐、兗之俗，特賤商賈，而丹陽列郡，較古代爲進化，其餘皆與漢志相仿，雖越千祺，亦無大變也。

第三節　二京之繁盛

隋室統一華夏，二京之盛，大有可稱。京師東市曰都會；西市曰利人，東都東市曰豐都，南市曰大同，北市曰通遠。其市官曰令，悉隸太府寺。北市北臨通濟渠，上有通濟橋，天下舟船，集於橋東，常萬餘艘，塡滿河路，商賈貿易，車馬塡塞於市，諸番酋長入朝者，嘗請入豐都市交易，煬帝許之，先命整飾店肆，簷宇如一，盛設幃帳，珍貨充集，人物華盛，賣菜者亦藉以龍須席，胡客或過酒食店，悉令邀延就坐，醉飽而散，不取其直，紿曰，中國豐饒，酒食例不取直，胡客皆驚歎。其虛張華盛，雖不足據，然一市之飾，咄嗟立辦，亦可見其時物力之充矣。

第四節　隋之幣制

高祖既受周禪，以天下錢貨輕重不等，乃更鑄新錢，背面肉好，皆有周郭，文曰五銖，而重如其文，每錢一千，重四斤二兩，對於前代古錢及私錢，一律禁止，並有各關口置有新鑄五銖錢樣，凡商旅往來通過者，所有隨帶錢貨，均經檢查，其有不如樣者，則由官沒收而銷毀之，於是錢貨統一，百姓交易稱便。但自煬帝大業之後，王綱弛紊，遂多私鑄，錢轉薄惡，最初錢每千猶重二斤，後漸輕至一斤，或剪鐵鍱裁皮糊紙以爲錢，相雜用之，幣賤物貴，以至於亡。

第五節　互市及商路

隋世設四方使者各一人，掌其方國及互市事，其屬有監置，互市監，參軍事等，監置，掌安置其馳馬車船，並糾察非違，互市監掌互市，參軍事掌出入交易，互市至設專官，可見隋與外國市易盛於前代。史稱煬帝卽位，西域諸藩，多至張掖與中國交市，帝令裴矩掌其事，矩撰西域圖記三卷入朝奏之，中云：『自敦煌至於西海，凡爲三道，各有襟帶，北道從伊吾經蒲類海、鐵勒部、突厥可汗庭度北流河水，至拂菻國，達於西海。中路從高昌、焉耆、龜茲、疏勒度葱嶺又經鏺汗、蘇對、沙那國、康國、曹國、何國、大小安國、穆國至波斯國達於西海。南道從鄯善、于闐、朱俱波喝槃陀度葱嶺又經護密吐火羅、挹怛、帆延、漕國至北婆羅門達於西海。其三道諸國，亦各自有路，南北交通。但突厥、吐渾分領羌、胡之國，爲其擁遏，朝貢不通，令商人密送誠款，矩之能爲此圖，皆有富商大賈，周游經涉，故諸國之事，罔不徧知。又陳稜傳稱稜汎海擊琉球，琉球人初見船艦，以爲商旗，往往詣軍貿易，是隋之商賈不但西及絕域，又能東通海國也。然宇文述傳稱化及、士及兄弟遣人入蕃，私爲交易，事發當誅，則私通貿易，亦國法之所禁矣。

第七章　唐之商業

第一節　唐代都市

隋室統一，民困蘇息，而享祚短促，尋遭變亂，故其實業尚不得爲極盛，李唐御宇，祚永國昌，制度文物，上幾周、漢，即就其都市觀之，已可推見其繁盛之狀。唐仍隋舊，以長安爲西京，洛陽爲東京，兩京都市，各設令一人，丞二人，錄事一人，府三人，史七人，典事三人，掌固一人，市令掌百族交易之事，丞爲之貳。凡建標立候，陳肆辨物，以二物平市（謂秤以格斗以概）以三賈均市（賈有上中下之差）西京有東西二市，東市即隋之都會市，東西南北各六百步，四面各開二門，定四面街，各廣百步，市內貨財二百二十行，四面立邸，四方珍奇，皆所積集。西市即隋之利人市，亦方六百步，店肆如東市，浮寄流寓，不可勝計。東京、南京即隋之豐都市，共內一百二十行，三千餘肆，四壁四百餘店，貨賄山積；北市西市制亦相等。又據舊唐書地理誌所載：西京有東西兩市，都內南北十四街，東西十一街，街分一百八坊，坊之廣長皆三百餘步皇城之南大街曰朱雀之街，東五十四坊，萬年縣領之；西五十四坊，長安縣領之。東京之市京中廣長各十街，街分一百三坊，兩市各坊廣長三百步，此唐代都市制度之概略也。

第二節　唐代市政

唐制五品以上，不得入市。又定諸非州縣之所，不得置市。常以午時擊鼓二百下，而衆大會；日入前七刻擊鉦二百下散。其州縣領務少處，不欲設鉦鼓聽之。車駕行幸處，卽於頓側立市，官差一人，檢校市事，其兩京市諸行自有正鋪者，不得於鋪前更造偏鋪。以濫物交易者，沒入市；在市及人衆中相驚動令擾亂者，杖八十。又定中縣戶滿三千以上，置市令一人，史二人，其不滿三千戶以上者，並不得置市官，若要路須置，舊來交易繁者，聽依三千戶法置，此州縣市制之概略也。

第三節　關於商事之法律

唐代規定之法律，多爲後世所沿用；其定律之關於商事者，亦最爲詳盤，玆分述如左：

校斛斗秤度　諸校斛斗秤度不平，杖七十，監校者不覺，減一等，知情與同罪。

疏議曰『校斛斗秤度，依關市令，每年八月詣太府寺平校，不在京者，詣所在州縣官校，並印署，然後聽用。其校法雜令，量以北方秬黍中者容一千二百爲龠，十龠爲合，十合爲升，十升爲斗，三斗爲大斗一斗，十斗爲斛。秤權衡以秬黍中者百黍之重爲銖，二十四銖爲兩，三兩爲大兩一兩，十六兩爲斤。度以秬黍中者一黍之廣爲分，十分爲寸，十寸爲尺，一尺二寸爲大尺一尺，十尺爲丈，有校勘不平者，杖七十，監校官司不覺減校者罪一等，合杖六十，知情與同罪。』

器用絹布行濫　諸造器用之物及絹布之屬，有行濫短狹而賣者，各杖六十。

疏議曰：『凡造器用之物，及絹布綾綺之屬，謂供公私用行濫謂器用之物，不牢不眞；短狹謂絹匹不充四十尺，布端不滿五十尺，幅闊不充一尺八寸之屬而賣，各杖六十，其行濫之物沒官，短狹之物還之。』

市司評物價　諸市司評物價不平者，計所貴賤坐贓論，入己者以盜論，其爲罪人評贓不實，致罪有出入者，以入人罪論。

疏議曰：『謂公私市易，若官司評物價，或貴或賤，令價不平，計所加減之價，坐贓論。入己者，謂因評物價，令有貴賤，而得財物入己者，以盜論。其爲罪人評贓不實，亦謂增減其價，致罪有出入者，假有評盜贓，應直上絹五疋，乃加作絹十疋，應直十疋，減作五疋，是出入半年徒罪，市司還得半年徒坐，故云以出入人罪論。』

私作斛斗秤度　諸私作斛斗秤度不平，而在市執用者，笞五十，因有增減者，計所增減準盜論。

疏議曰：『依令斛斗秤度等司，每年量校，印署充用，其有私家自作，致有不平，而在市執用者，笞五十，因有增減贓重者，計所增減準盜論。』

賣買不和較固　諸賣買不和，而較固取者，（較謂專略其利，固謂障固其市，）及更出入開閉，共限一價，（謂賣物以賤爲貴，買物以貴爲賤，）若參市，（謂人有所賣買，在旁高下其價，以相惑亂，）而規自入者，杖八十，已得贓重者，計利準盜論。』

疏議曰：『賣物買物人兩不和同，而較固者，謂強執其市，不許外人買，故注云較謂專略其利，固謂障固其市。及更出入開閉，謂販鬻之徒，共爲姦計，自賣物者以賤爲貴，買人物者以貴爲賤；更出開閉之意，其物共限一價，望使前人迷謬，以將入已。參市謂負販之徒，共相表裏，參合貴賤，惑亂外人，故注云：謂人有所賣買，在旁高下其價，以相惑亂，而規賣買之利入已者，幷杖八十，已得利物，計贓重於八十者，計利準盜論，謂得三疋一尺以上，合杖九十，是名贓重，其贓既準盜科，即合徵還本主。』

買奴婢牛馬立券　諸買奴婢馬牛駝騾驢，已過價，不立市券，過三日，笞三十；賣者減一等。立券之後，有舊病者，三日內聽悔，無病欺者，市如法，違者笞四十，即賣買已訖，而市司不時過券者，一日笞三十，一日加一等，罪止一百。

疏議曰：『買奴婢牛馬駝騾驢等，依令幷立市券，兩和市賣，已過價訖，若不立券，過三日，買者笞三十，賣者減一等。若立券之後，有舊疾而買時不知，立券後始知者，三日內聽悔，三日外無疾病，故相欺罔而欲悔者，市如法，違者笞四十，若有疾欺不受悔者，亦笞四十。令無私契之文，不準私券之限。賣買奴婢及牛馬之類，過價已訖，市司當時不即出券者，一日笞三十，所由官司依公坐節級得罪，其挾私者，以首從論，一日減一等，罪止一百。』

第四節　唐代各地之商業

唐時都市，雖甚繁盛，然亦有閉境自守，不與他處通商者。崔倰傳稱：湖南舊法，雖豐年貿易不出境，鄰部災荒不恤也。倰爲湖南觀察使，削其禁，自是商賈流通，貨物益饒，是亦可見唐時偏遠各地之風氣。大抵當時各地貨物全恃水運，水道運輸不便，則貨物之流通亦難，天寶中韋堅爲水陸轉運使，開運渠以通渭水，因使諸舟各揭其郡名，陳其本土所產寶貨諸奇物於栿上，若廣陵郡船，卽於栿背上堆積廣陵所出錦、鏡、銅器、海味；丹陽郡船卽京口綾衫緞；晉陵郡船卽織造官端綾繡；會稽郡船卽銅器、羅、吳綾、絳紗；南海郡船卽瑇瑁、珍珠、象牙、沈香；豫章郡船卽名瓷、酒器、茶釜、鐺、茶碗；宣城郡船卽空青石、紙、筆、黃連；始安郡船卽焦葛、蚺蛇膽，翡翠。船中皆有米，吳郡卽三破糯米，方丈綾，如是者凡數十郡，是唐時貨物之聚於京邸者，多半藉漕船之便，而兼爲此舉，頗有內國博覽會之意，惜其專爲媚悅人主而設，非爲商工業謀進步也！

第五節　唐代商人之種類

唐代從事商業者，有商賈之別；後者曰坐賈，在市廛内住居，以經營商業；前者曰行商，卽致四方之產物，或巡歷各地之週市（定期市）以販賣，或歷訪各地域之各戶以呼賣。巡歷商人之内，其最著者有由揚子江沿岸運茶而入北方者；有運淮南之鹽米而轉賣西北者；閩、粤之行商，有由水道沿印度洋海岸而入波斯灣者，或沿亞剌伯海而入紅海灣之阿甸者；更有到當時東西交易之中心師子國（今錫蘭）；由陸路巡歷之商人，則有至亞細亞、天山南路而入波斯、印度者。至呼賣商人則惟有呼賣日常用品之菜蔬水菓，以及其他農產而已。商業旣盛，商人往來頻繁，在商人與貨物之聚散地，而邸店（居物之處爲邸，沽賣之所爲店）生焉。據大歷四年之勅令，凡百姓有邸店行鋪及鑪冶應準式合加本戶二等稅者，依此稅數勘責納物，可知當時有邸店之稅矣。據舊唐書所載，市主人弟子各給印子牙子，與今之行紀相似，牙子須執有許可證，與今之牙帖略同。

第六節　唐代官吏之營商

舊唐書、嶺南節度使王鍔傳謂：西南大海中諸國船至，則盡設其利，由是鍔財富於公藏，日發十餘艇以犀象珠貝稱商貨而出諸境，周以歲時，循環不絕，凡八年，京師校門，多富鍔之財。又盧鈞傳謂：『南海有蠻舶之利，珍貨輻輳，舊帥作法興利以致富，凡爲南海者，靡不捆載而還，』此邊疆大吏經營商業之實例也。舊唐書、趙憬傳謂：『前後使迴紇者，多私齎繒絮，蕃中市馬，迴以規利。又歸崇敬傳，謂故事使新羅者，至海東多有所求，或攜資帛而往，貿易貨物以爲利。』此政府專使經營商業之實例也。

第七節　商業之發達

崔融敍述當時商業之情形，謂：『且如天下諸津，舟航所聚，旁通巴漢，前指閩、越，七澤十藪，三江五湖，控引河洛，兼包淮海。弘舸巨艦，千軸萬艘，交易往還，昧旦永日。』當時陸路交通，亦甚發達，如通典所云：東至宋汴，西至岐州，夾道列店肆，待客酒饌豐溢，每店皆有驢賃客乘，倏忽數十里，謂之驛驢。南詣荊襄，北至太原、范陽，西至蜀川、涼府，皆有店肆，以供商旅。商業之發達，更造成都市之繁榮，如揚州地當衝要，多富商大賈，珠翠珍怪之產，江淮之間，廣陵大鎮，富甲天下，南海郡利兼水陸，瓌寶山積，汴州都會，水陸輻輳，實曰膏腴，其餘如益州，瓜州均成爲繁榮之商業都市。

第八節　唐代之重要商埠

唐時之重要商埠，有廣州、揚州、泉州各地，而置市舶司者，似僅有廣、揚二埠。據九世紀時阿剌伯地理學家伊般哥達比(Ibn Khordadbeh)所著之道程及郡國志謂：『中國當時之通商口岸有四：南曰 Lonkin 稍北曰 Khanfan，更北曰 Djanfan，最北曰 Kanton 』經諸學者及桑原隲藏之考證，斷爲龍編（安南）廣州、泉州、江都四埠，故其時之通商口岸，有龍、泉、廣、揚數地，毫無疑義。

一廣州　廣州在歷史上，久爲西南洋諸國貿易之地，故唐代時爲國際商業之重要地點，乃必然之事實。開元時設有市舶使，購買外國商品，收抽船脚，李勉拜嶺南節度使，廉潔不暴徵，西南夷舶，歲至四十柁，公私以濟。李肇、國史補謂：『南海舶，外國船也，每歲至安南、廣州，師子國舶最大，梯上下數丈，皆積寶貨，至則本道奏報，郡邑爲之喧闐，有番長爲之主，領市舶使，籍其名物，納舶價，禁珍異，番商有以欺詐入牢獄者。』伊般哥達比謂：『四口岸之中，以廣州爲最大。』蓋其時貿易之集中點，元開撰唐太和上東征傳廣州條謂：西江中有波斯、波羅門、崑崙等舶，不計其數，尤可想見其時貿易之盛矣。

二揚州　揚州在唐代以鹽政及漕運之關係，加以運河開通，扼南北交通之咽喉，爲其時之一大商業都會，俗好商賈，不事農業，以是大食、波斯、胡人之流寓此間者極衆。揚州，胡店甚多，以珠寶爲業，亦可謂爲中西珠寶互市之匯萃地，置有市舶使。文宗太和八年疾愈德音曰：『南海番舶本以慕化而來，固在接以恩仁，使其感悅，恩有矜恤，以示綏懷，其嶺南、福建及揚州番客，宜委節度觀察使常加存問，除舶脚收市進奉外，任其往來流通，自爲交易，不得重加稅率。』

三龍編　龍編卽安南之河內，爲其首府，唐時置安南都護，大食、波斯、猶太人等，均以此爲來華之起點，由此往廣州，更進而至泉州，更進而至揚州，故安南爲其時通商口岸之一。交州在唐時之國外貿易甚盛，陸宣公奏議謂：嶺南節度使奏，近舶船多往安南貿易，即其一證。

四泉州　泉州爲中、日間往來之要道，海船頗多，外番貢使多至此登陸，如天祐時三佛齊使者蒲栗訶，至福建；又如乾寧三年授王潮威武軍節度使制中有閩、越之間，島夷斯雜之語，可知泉州亦爲唐時之一繁盛商埠也。

此外明州（浙江甯波）楚州、（江蘇淮安）洪州、荆州、成都等，均爲繁盛之商埠。

第九節　唐代交通

唐代國內交通，可分述如左：

關　司門郎中員外郎，掌天下諸門及關出入往來之籍賦，而審其政。凡關二十有六，而爲上中下之差，京城四門關有驛道者，爲上關，餘關有驛道及四面關者，爲中關，其他爲下關，所以限中外，隔華夷，設險作固，閑邪正暴者也。

驛傳　駕部郎中掌國之輿輦車乘，及天下之驛傳，凡三十里一驛，天下水驛一千三百三十所，陸驛一千二百九十一所，水陸相兼之驛八十六所。其驛站之繁多，可以窺其交通之發達矣。

國外交通要道有七，列表如左：

唐代通外商之七要道表

	起點		要道
陸路	營州（今河北朝陽縣）	……	入安東道（今朝鮮滿洲）
	夏州（今陝西橫山縣西）	……	通塞外大同雲中道（大同今綏遠　雲中今山西懷仁西北）
	受降城（今山西石玉）	……	入回鶻道（今蒙古）
	安西（今甘肅安肅道）	……	入西域道（今雲貴緬甸）
	安南（今安南河內）	……	通天竺道（今印度）
海路	登州（今山東蓬萊縣）	……	海行入高麗渤海（高麗今朝鮮）
	廣州	……	通海夷道（今南洋諸國）

據上表，陸路由河北之朝陽至朝鮮、滿洲，由陝西之橫山至綏遠，由山西玉石至蒙古，由甘肅至雲、貴、緬甸，由安南至印度之五大路線既已開通，海路由山東至渤海、高麗，由廣州至南洋諸國之兩

大航線，亦已開發，外商之往來頻繁，可以知矣。自四港（廣州、揚州、泉州、安南）開闢商埠以後，於是閩、廣之商船，更擴張其航線，或由泉州、廣州而航師子國，或經師子國沿印度之西海岸，而入波斯灣或沿亞剌伯海岸而至紅海灣之阿甸。

第十節　唐代關禁

唐代關津之令甚嚴，武德中，詔潼關以東，緣河諸關，悉宜停廢，其金銀綾絹等物，依格不得出關者，並不須禁其制，蓋甚便民。至天寶中，勅關以西諸國興敗，往來不絕，雖託以求利，終交通外番，因循頗久，殊非穩便，自今以後，一切禁斷，仍委四鎮節度使及各路所由郡縣，嚴加捉搦，不得更有往來，則有限制商賈爲國外之貿易也。又唐律稱：『諸齎等物，私度關者，坐贓論；贓輕者，從私造私有法，若私家之物禁約不令度關而私度者，減三等；諸越度緣邊關塞者，徒三年；共化外人私相交易，若取予者，一尺往二年半，三疋以上者，加一等，十五疋加役流。』疏議引關市令稱：『錦，綾，羅，縠，紬，綿，布，氂牛尾，眞珠，金，銀，鐵，並不得度西邊北邊諸關，』是唐時法制，實主極端之閉關主義，故雖以太宗、高宗兵力之盛，大食、波斯，胥爲屬地，而國外貿易，曾未聞稍加提倡，轉從而摧抑之，亦可見吾國人思想之錮塞矣。

第十一節　唐代幣制

唐時信用紙幣，始自唐高宗永徽年間，曾印大唐寶鈔，其文爲：「吏部奉旨印造大唐寶鈔，與錢通用，僞造者立斬治罪，首告者給銀三十兩，頒行天下，永徽年月日，」横額大唐寶鈔下書拾貫。按永徽所發行者，僅此一種。至武宗會昌年間，又發九貫及一貫兩種，樣式相同，惟告捕者九貫之賞錢七百五十兩，一貫之賞錢二百六十兩，是不同處。其文爲內閣奉旨頒布印造大唐通行寶鈔與銀幷用，飭發天下，任民使用，僞造者斬，告捕者賞銀七百五十兩，隱匿不報同罪，會昌年月日横額爲大唐頒行寶鈔左右兩行，頒行天下一體遵照八字，均長方形。唐初民間多沿用五銖錢，武德四年，改鑄開元通寶，錢文讀法，爲先上後下，次左後右，後以盜鑄日多，惡錢充斥，雖經嚴禁，亦無效果。開元中勅綾羅絹布雜貨等，皆合通用，如聞市肆，必須見錢，深非通理，自今後與錢貨兼用，違者準法罪之。又勅貨物兼通，將以利用，而布帛爲本，錢刀是末，賤本貴末，爲弊則深，法教之間，宜有變革，自今以後，所有莊宅交易，並先用絹布綾羅絲綿等，其餘市價至一千以上，亦令錢物兼用，違者科罪。貞元中，禁行人持錢出關，州縣禁錢出境，而商賈亦以絕迹。浙西觀察李若初請通錢往來，而京師商賈齎錢四方貿易者，不可勝計，遂復禁之。元和中，定制京師內自文武官僚，不問品秩高下，並各州縣主中使以下，至士庶商旅等，守觀坊市，所有私貯見錢，不得過五十貫，如有過此，許從勅出後，限一月內換將別物收貯，若一家內別有宅舍店鋪等所貯錢，並須計同此數，如限滿後有誤犯者，白身人等宜付所司痛杖一頓，處死，其文武官及公主等，并委有司聞奏，當重科貶，戚屬中使，亦具名銜聞奏，其賸貯錢不限多少，并勒納官，數內五分取一分充賞錢數，其賞錢至於五十貫，此外察獲，及有人論告，亦重科處，並量給告者。時京師里閭區肆所積，多方鏹錢，如王鍔、韓宏、李惟簡少者不下五十萬貫，於是競買第宅，以變其錢，多者竟里巷，傭僦以歸其值，而高貲大賈，多依倚左右軍官錢爲名，府縣不得窮驗，法竟不行。唐憲宗以錢少復禁用銅器，時商賈至京師，委錢諸道院及諸軍諸使富豪家，以輕裝趨四方，合劵乃取之，號飛錢，京兆尹裴武請禁之，搜索諸坊，十人爲保，自禁飛錢，家有貯藏，物價益輕，判度支盧坦，兵部尚書判戶部事王紹，鹽鐵使王紹，請許商人於戶部度支鹽鐵三司飛錢，每千錢增給百錢，然商人無至者，復許與商人敵貫而易之，然錢重帛輕如故。（飛錢之法，卽後世匯票之權輿。）柜坊之制，以柜租與他人，代爲保管錢物，收取相當之保管費，存放柜坊之錢。持帖提取，柜坊立卽照付來人（票帖之性質，與今日支票相近，）富商作大量交易時，可用帖子避免移轉硬幣之麻煩。

第十二節　唐代之高利貸

唐時人民企業情殷，無資本而思爲貨販者，多於前代，故公家有捉錢之定法，而私人亦有舉債之明文。唐貞觀初，京師及州縣，皆有公廨田，供公私之費，其後以用度不足，京官有俸賜而已。諸司置公廨本錢，以番官貿易取息，計貫多少爲月料，後又許諸色人等承領公廨本錢，入市營運，月納利息，號爲捉錢令史，其法人捉五十貫以下，四十貫以上，任居市肆，恣其販易，每月納利四千，一年凡輸五萬，送利不違，年滿授以令史之職。官家剝取重利，而以令史誘人，其法與捐輸納粟無異，褚遂良嘗奏罷之，不久又復其制。開元中諸州縣官亦出本錢取利，以供月料，大抵五千之本，七分生利，一年所輸，四千二百。（以十二個月計）其利雖較輕於京司公廨本錢，然亦可謂重矣。至於民間放債，亦取重利，長安元年，勅負債出舉，不得迴利作本（卽今之複利）並法外生利，開元十六年詔：「比來公私舉放，取利頗深，有損貧下，事須釐革，自今以後，天下負舉（舉又稱出舉舉放，是一種信用放款，）祇宜四分收利，官本五分收利。」又寶歷中定制，京城內有私債，經十年以上，曾出利過本兩倍者，宜令台府勿爲徵理，以此推之，唐人取利，有迴利作本者，有法外收利者，有重在四五分以上者，有以債權求官爲之徵理者，公私舉放，均見詔勅，可見其時之風氣矣。

第十三節　唐代茶葉之興盛

茶爲我國人之飲料，且爲出品大宗，古書無見茶字，茶茗之稱，始於三國，至兩晉而漸多，迨唐始盛行於世。新唐書、陸羽傳，羽嗜茶，著茶經三篇，言茶之原之法之具尤備，天下益知飲茶矣。時鬻茶者至陶羽形置煬突間，祀爲茶神。其後尚茶成風，回紇入朝始驅馬市茶。前乎羽之時國內尚未盡以茶爲飲料，國外尚未以茶爲出品也。唐時各地發見茶葉甚多，其見稱於史乘者，劍南有蒙頂、石花、或散芽，號爲第一；湖州有顧渚之紫筍；東川有神泉、昌明；硤州有碧潤、月明、房茱、萸寮；福州有方山之生芽；夔州有香小江陵水；湖南有衡山、岳州之灉湖之含膏；常州有義興之紫筍；婺州有東白；睦州有鳩坑；洪州有西山之白露；壽州之霍山之黃芽；蘄門之月團；而浮梁之商貨不在焉。（浮梁疑爲茶商萃聚之處，觀白居易詩有「商人重利輕別離，前月浮梁買茶去」之句，可想見矣。）

第十四節　唐代茶鹽之稅

唐代嗜茶之風頗著，但初無茶稅，德宗建中元年，始稅茶，尋罷之，貞元中，復稅茶，於出茶州縣，及茶山外商人要路，時估每十稅一，歲得錢四十萬。有私鬻者，刺史縣令以縱私鹽論，後歸鹽鐵使領之。厥後茶稅屢有增加，私茶懸爲厲禁，私鬻茶三犯三百斤者論死。唐初鹽價甚賤，天寶、至德間，每斗不過十錢，乾元二年，鹽鐵鑄錢使第五琦初變鹽法，就山海井竈近利之地，置監院，游民業鹽者爲亭戶，免雜徭，盜鬻者論以法。旋琦爲諸州榷鹽使，盡榷天下鹽斗，加價百錢而出之，爲錢一百一十，此官鹽病民所由始也。其後劉晏爲鹽鐵使，以鹽吏多則州縣擾，出鹽鄉因舊監置吏，收亭戶所煮之鹽，轉糶商人，縱其所之；其去鹽鄉遠者，轉官鹽於彼貯之，或商絕鹽貴，則減價鬻之，謂之常平鹽，官收厚利，而民不知貴。及宴罷法廢，鹽價至斗三百一十錢，商人乘時射利，鹽價益貴，有以穀數斗易鹽一升者，而私鹽懸爲厲禁，私鬻鹽五石，市二石，亭戶盜糶二名皆坐死。

第十五節　唐代病商之政

唐制天下民戶等級，以貲產爲準，富商大賈，多求與官吏往還，遞相託囑，冀居下等，蓋恐國家攫取其貲產也。肅宗時兩京陷沒，民物耗弊，乃遣御史鄭汝淸等藉江、淮富商大族，貲富什收其二，謂之率貸，諸道以稅商賈以贍軍錢。德宗時，朱滔、王武俊、田悅背叛，國用不給，陳京請借富商錢，度支杜佑亦以爲請，乃以戶部侍郎趙贊判度支，代佑行借錢令，約罷兵乃償之，搜督甚峻，民有自經者，家若被盜，然總京師豪人田宅奴婢之估，纔得八十萬緡。又取僦匱納質錢，及粟麥糶於市者，四取其一，長安爲罷市，遮邀宰相哭訴，而所獲纔二百萬緡，蓋當時主財政者，不知公債之法，不明租稅之理，故一遇國用困乏，即出此病民病商之舉。德宗時又有宮市之弊，先是宮中市外間物，令官吏主之，隨給其值，後以官者爲使，抑買人物，置白望數百人於兩市，（長安東市西市，）率用值百錢物，買人值數千物，多以紅紫染故衣敗繒，尺寸裂而給之，仍索進奉門戶及腳價錢，人將物詣市，至有空手而歸者，商賈有良貨，皆深匿之，每勅使出，雖沽漿賣餅者，皆撤業閉門，其暴橫無異於強盜，處斯虐政之下，商業宜其不發達也。

第十六節　唐代之理財家

唐代之理財家，首推劉晏，其初任鹽鐵使也，江、淮鹽利，歲纔四十萬緡，至大歷末乃達六百餘萬緡，天下之賦，鹽利居半，宮闈、服御、軍餉、俸祿，皆仰給之。代宗時京師米斗千錢，晏按行漕運河道，移書宰相元載，論漕運利病，載卽盡以漕事委晏，晏得盡其才，歲致四十萬斛，自是關中雖水旱，物不翔貴。京師鹽暴貴，詔晏取三萬斛以贍關中，自揚州四郡至，都人以爲神。至湖嶠荒險處，所出貨皆賤弱，不償所轉，晏悉儲淮、楚間，貿銅易薪，歲鑄緡錢十餘萬，其措置纖悉如此。常以原値募駛足，置驛相望，覘報四方物價，雖遠方不數日皆知，是以能權萬物輕重，使天下無甚貴賤，自言如見錢流地上。惜乎天不祚，唐竟爲楊炎（德宗相）讒構而死！不然，唐民之被澤，未有已也。此外有裴明禮者，深得人棄我取之理，嘗收人間所棄物，積而鬻之，以此家產巨萬，有在金光門外，市不毛地，多瓦礫，乃於地際懸以筐，中者輒酬以錢十百，僅一二中，未浹旬，瓦礫盡矣，乃舍諸牧羊者，糞既積，預聚雜果核，具犂牛以耕者，歲餘滋茂，連車而鬻所收，復致巨萬，乃繕甲第，置蜂房以營蜜，廣栽蜀葵雜花果，蜂採花逸而蜜豐，其營生之妙，觸類多奇，不可勝紀。此外竇義、何明遠等，皆以貧寒起家，積貲巨萬，喧傳於當世，茲爲篇幅所限略之。

第八章　五代之商業

第一節　諸國之通商

唐末大亂，宇內分裂，姦僞竊據，覆亡相踵，由理論推之，丁斯干戈擾攘之初，當無商業之可言，然以五代史書考之，則往來貿易仍未稍絕。五代史南漢世家『劉隱祖安仁，上蔡人也，後徙閩中，商賈南海因家焉。』又曰『劉龑性好夸大，嶺北商賈至南海者，召之使升宮殿，示以珠玉之富。』又『劉晟嘗遣巨艦指揮使暨彥斌，以兵入海，掠商人金帛，』是南漢雖僻處南服，而與嶺北通商，且有舶來商人市易於其領海也。楚世家『馬殷弟賓爲楊行密（楊行密時據淮南國號吳）所執，行密遣之曰：勉爲我合二國之歡，通商貿易，有無以相資，亦所以報我也。』又曰：『殷修貢京師，不過所產茶茗，自京師至襄唐、鄧復等州，置邸務以賣茶，其利十倍。』十國春秋『高郁爲馬殷軍都判官，勸殷尊王伏順，內奉朝廷，外誘鄰敵，退修兵農，而楚以强，湖南產茶，郁請聽民自採，貿於北客，收其價以贍軍，又產鉛錫，請鑄爲錢，以境內所餘之物，易天下百貨，』是楚藉通商以結吳好，而以己國特產之商品，銷運於鄰邦也。閩世家：『王審知爲人儉約，好禮下士，招徠海中蠻夷商賈，海上黃崎，波濤爲阻，一夕風雨雷霆震擊，開以爲港，閩人以爲審知德政所感，號爲甘棠港。』又曰留從效据漳、泉二州，周世宗時從效遣牙將蔡仲興爲商人，間道至京師，求置邸內屬，是閩外與海夷通商，內與中原市易也。然史稱：『周禁食鹽踰越漳河，蜀禁錦綺珍奇入中國，』則商品輸出，似又懸爲厲禁，而十國世家中『山川阻絕，風氣不通』二語，更可援爲商路梗塞之確證。要之，當時諸國互市通商者有之，禁止往來者亦有之，學者分而觀之可也。

第二節　五代商稅

五代稅法紊亂，茲就其與商業有關者，分述於下：

（一）普通貨物稅　在後周以前，對於普通商品，如牛畜之類，均徵以通過稅，周顯德五年，雖對於牛畜祇徵以貨物稅。但對於其他貨物，則仍徵以通過稅。

（二）鹽稅　五代鹽稅，名目繁多，而官鹽亦復巧立名目，例如蠶鹽，食鹽，大鹽，槃鹽之類，其稅率與稅量各不相同。後唐俵散蠶鹽，依限納稅，計口授鹽，遂自此始。周禁私鹽，顆鹽、末鹽，各分地界，行鹽分界，遂自此始，周既稅鹽，又納鹽斤，是爲後世一鹽兩稅之始。

（三）鐵稅　後唐熟鐵，任百姓自鍊，鄉村百姓，於夏秋苗畝上納農器錢一文五分，隨夏秋稅二時繳納。

（四）麴稅　梁開平三年，准商民造麴，至唐始榷麴與榷酤並行，人民須置官麴不得私造，蓋官專賣也。唐明宗、天成三年，復許人民自造私麴，惟於夏秋田苗上每畝納麴錢五文足陌。并許買官麴酒戶造麴釀酒出賣，其餘諸色人亦許私造酒麴供家，惟不得私賣，違者糾察。長興元年，勅令每秋苗一畝，特減二文徵三文，此制行於鄉村，至於都市，則逐月計算，十分納二。周顯德四年，勅諸道州府麴例一依往例。

第三節　域外之通商

五代諸國，與外夷通商甚多，而其輸入品，則以馬匹寶玉銅銀爲大宗。北漢世家，劉承鈞拜五台山僧繼顒爲鴻臚卿，繼顒爲人多智，善商財利，四方供施多積蓄以佐國用，五台當契丹界上，繼顒常得其馬以獻，號添都馬，歲率數百匹。五代史書、四夷附錄曰：「唐、明宗時，詔沿邊置場市馬，諸夷皆入市中國，而回鶻、黨項馬最多，明宗招懷遠人，馬來無駑壯皆售，而所售常過直，」是與契丹、回鶻、黨項通商，而輸入其馬匹之證。又曰：「回鶻自唐明宗時，常以馬市中國，其所齎寶玉皆鬻縣官，而民犯禁者輒罪之，周太祖時，除其禁，民得與回鶻私市，玉價由此倍賤，」是與回鶻通商而輸入其寶玉之證。又曰：「高麗產銅銀，周世宗時遣尚書水部員外郎韓彥卿以帛數千疋，市銅與高麗，」是與高麗通商而輸入其銅銀之證。蓋域外諸夷，至五代已漸見開化，故其與中國貿易也特盛，觀石敬塘遣使稱臣於契丹，契丹立敬塘爲晉皇帝，可以推當時夷夏之情形矣。而五代史中之尤堪注意者，則在遼有回圖使一事，河陽牙將喬榮嘗從趙延壽入遼，遼以爲回圖使，往來販易於晉，置邸大梁掌互市回圖之事，猶近世通商各國之有駐外公使及領事，亦足見國際思想之發達已。

第四節　五代時汴梁商業之盛

我國古時以都會爲五方聚集之所，都會所在，商業隨之。五代時除唐莊宗遷都洛陽外，梁、晉、漢、周皆以大梁爲京都。周世宗顯德二年四月，詔曰：『東京、華夷輻輳，水陸會通，時向隆平，年增繁盛，而都城因舊，制度未恢，坊市之中，邸店有限，工商絡繹無窮，僦賃之貲，增添不定，貧乏之戶，供辦實難，將便公私，須廣都邑，宜令所司於京城四面，別築羅城。』工商絡繹，京城至不能容，商業之繁盛，可以知矣。玉壺清話曰：『周世宗、顯德中，遣周景大濬汴口，景知汴口既濬，舟楫無壅，將有淮、浙巨商，糧斛萬貨臨，無委泊之地，調乞令許京城民，環汴栽榆柳，起臺榭，以爲都會之壯，世宗許之。景踞汴流中，起巨樓十三間，後邀貨於巨樓，山積波委，歲入數萬計。』汴口既濬，淮、浙巨商，相繼來臨，則汴京又爲十國與中原通商之中心矣。

第五節　五代之錢幣

五代承李唐之後，錢幣多沿唐舊。唐自玄宗以來，江、淮之間，惡錢盛行，至五代仍未盡絕。舊五代史食貨志『知唐州晏駢奏市肆間點檢錢帛，內有錫鑞小錢，揀得不少，皆是江南綱商挾帶而來，遂詔沿江州縣，每有舟船到岸，嚴加覺察，不許將雜鉛錫惡錢往來，換易好錢，』是江南商賈尚有沿用惡錢也。惡錢之流行，僅在江、淮一帶，他處多有唐之乾元重寶錢，而因其銅質之佳，民間多有盜毀爲器者。唐莊宗同光二年，詔不得令富室分外收貯見錢，又工人銷鑄爲銅器，兼沿邊州鎮，設法鈐轄，勿令商人搬載出境。明宗天成元年，中書門下奏近日所賣器，多是銷鎔見錢，以邀厚利，乃下詔如原係銅器及碎銅，卽平製造，如違，買賣之人，依盜鑄錢律斷，其禁富室分外收貯見錢者，意必恐其貯錢多，將有盜銷之虞也。後晉高祖、天福二年，詔禁一切銅器，其銅鏡官爲製造，許人收買，於諸處興販，是必因盜銷之難以禁絕，遂收製造銅器之權於官也。蓋錢幣重則有盜銷之弊，輕則有盜鑄之弊，當時錢幣，畸輕畸重，無怪姦僞之頻生矣。

第九章　北宋之商業

第一節　宋初之恤商

五代諸國割據，戰爭頻仍，軍需浩繁，苛斂橫徵，趙宋開國，首以豁除商稅爲務，宋太祖受禪，卽詔：「所在不得扣留旅行，齎裝非有貨幣當算者，無得發篋搜索；」又詔：「榜商稅則例於務門，無得擅改增損及創收。」開寶六年，詔：「嶺南商賈齎生藥者勿算。」太宗、淳化二年，詔「關市之租，其來舊矣，用度所出，未遑削除，徵算之條，當從寬簡，宜令諸路轉運使以部內州軍市徵所算之名品告，參酌裁減，以科細民；」又詔：「除商旅貨幣外，其販夫販婦，細碎交易，並不得收其稅；當稅各物，令有司件拆揭榜，頒行天下。」至道元年，詔：「兩浙諸州，紙扇芒鞋及細碎物，皆勿稅；」三年，詔：「民間所織縑帛，非出鬻於市者，勿得收算。」眞宗除杭、越十三州鵝鴨錢；又令柴薪渡河津者勿稅，又免農器。仁宗亦屢下減稅之令，蓋租稅爲國用所資，人民本有完納之義務，然若取之無經，則官吏必有勒索之弊，小民將不勝其苛擾。宋初諸帝能將細碎品物免稅，又須定稅則，榜示天下，使徵收者與完納者皆有準繩，無所用其增損，誠便商惠民之舉，而堪爲後世治國者取法也。

第二節　北宋時汴梁商業之盛

北宋承後周之舊，建都大梁，汴京仍爲商業之中心。東京大内東華門外，市井最盛，蓋禁中買賣多在此，凡飲食時新花果魚蝦脯腊金玉珠玩衣着無非天下之奇。皇城之東曰潘樓街，皆珍珠疋帛香藥鋪席，南通一巷，謂之界身，並是金銀綵帛交易之所，屋宅雄壯，門面廣闊，望之森然，每一交易，動即仟萬。大内前州橋之東臨汴河大街曰相國寺。相國寺每月五次開放，萬姓交易，其餘坊巷院落，縱横萬數，莫知紀極，處處擁門，各有茶坊酒店，勾肆飲食，市井經紀之家，往往只於市店置飲食，不置家蔬，夜市直至三更盡，纔五更又復開張，耍鬧之處，通曉不絕，其商賈之繁盛，方之後周，似有過之無不及，而各路貨物咸運至京師銷售，幾與今日各省販運於上海者無異。淮南、荆湖南北路，運粟於揚、眞、楚、泗處置，置倉以受其輸，既而分調州船，泝流而入京師，荆湖、江淮、兩浙以及嶺表，金銀、香藥、犀象百貨亦同之。惟嶺表陸運至虔州而後水運，陝西諸州菽粟，自黃河三門沿流，由汴河而至；陳、潁、許、蔡、光、壽等六州之粟帛，由石塘、惠民河而至；京東十七州之粟帛，由廣濟河而至；河北有御河達乾寧軍，川、陝諸州金帛，自荆門列傳置分輦負擔以至。粗布及官所市帛，由水運送江陵，自江陵運送京師，衆星拱北，萬彙朝宗。雖紀漕運之利便，亦可推當時商路之概矣。

第三節　北宋之禁榷與官市

宋太宗、太平興國初年，京師置榷易院，諸蕃商將來之香藥寶貨，一由政府買之，禁民間擅自買賣，違者重處。北宋初期，主要商埠之市舶司，均置備款項，爲購入蕃貨之用，此款謂之折博本錢，又稱博易本錢，或市舶本錢，買物謂之博買，或稱合買，又曰官市。市舶司既購蕃貨，卽發送京師榷易院，榷易院賣之民間，以博利益，此種專賣貨曰榷貨，又稱禁榷貨。榷貨範圍之廣狹，因時而異，不在禁榷之列者，謂之放通行貨物，政府抽解其一部爲關稅，遇有必要，亦先行收買其若干。貨經抽解博買後，始得於市場發賣。萍州可談謂：「眞珠龍腦凡細色抽一分，瑇瑁蘇木凡麤色抽三分，抽外官市各有差，然後商人得爲己物，」即指此也。

第四節　北宋與海番之通商

北宋之時，中外通商，日臻發達，海商來往，更盛於前代，當時稱東南之利，海商居一，縣官用度，實取給焉。自唐置市舶使領海商，宋乃因之而置爲司，且於廣州之外，增設泉、杭、明、密四州市舶司，以量貨抽解，東至高麗、日本，南至闍婆、渤泥、三佛齊，西至大食皆往來交通，貿易有無。諸番至者，以金、銀、鉛、錫、緡錢、雜色帛、瓷器，易其香藥、犀象、珊瑚、琥珀、珠琲、鑌鐵、鼊皮、瑇瑁、瑪瑙、車渠、水晶、猫兒眼睛、番布、烏樠木、蘇木、胡椒等物，海船大曰獨檣，載重一千婆蘭，次者亦不下三分之一。太宗時主榷務於京師，詔諸番貨至廣州非出官庫，不得私相貨易，其後又詔非珍奇物皆聽市，後又詔他物之良者亦聽市其半，大抵海船抵岸，徵其十一，而市其三，番商欲往他郡者，從舶司給劵，毋雜禁物，其防船兵仗給之。哲宗時，刑部言賈人由海道往外番，請令以買物名數，幷所詣之地，報所在州，召保，毋得參帶兵器或違禁及可造兵器物，官給以文憑，若擅乘船由海入高麗、新羅、登州境者，罪以徒，往北界者加等。番商來我國港岸，則必使其供榷稅，遵詔令；華商往外番市販，則必使其報州官，領文憑。對外則保主權，對內則盡保護；以視後世之辱國體而傷國權者，似未可以同日語也。

第五節　北宋與遼夏之通商

北宋之世，契丹崛强，西夏猖獗，時與宋有戰爭之禍，而通商互市，亦嘗見於和戰之間，當時定例，兩國各於分界處置榷場，以爲互市所。宋太平興國二年，令鎮易、雄霸、滄州，各置榷務，命常參官與內侍同掌，蠶香藥犀象及茶與交市，後有范陽之師，乃罷不與通。景德初通北戎，復於雄霸州安肅軍置三榷場，凡官鬻物如舊，而禁綿、漆器、秔糯，所入有錢、銀、布、羊、馬、橐駝，歲獲四十餘萬，契丹因其土產不敷國用，亦常於雄州立互市，與宋通商，特逞其强權，於商品之有關係者，輒任意禁斷。聖宗統和十五年，禁吐谷渾別部鬻馬於宋；興宗時，又禁朔州鬻羊於宋；又禁氈銀鬻入宋；宋亦無如之何。西夏舊爲宋藩屬，常以朝貢求互市，眞宗景德四年，夏州納款，於保安軍置榷場，以繒帛羅綺，易羊、馬、牛、駝、玉、氈毯；甘草，以香藥、瓷漆器、薑桂等物易蜜臘、麝臍、毛褐、羱羊角，非官市者聽與民交易。仁宗初年，陝西亦有榷場二，幷代路亦置場互市，旋元昊擅自稱帝，乃詔陝西、河東絕其互市，廢保安軍榷場，後又禁陝西並邊主兵官與屬羌交易。久之元昊稱臣，數遣使求復互市，慶曆六年從其請，復爲置場於保安、鎮戎二軍，歲售馬二千匹，羊萬口。英宗時，夏人攻慶州大順城，詔罷歲賜，禁邊民無得私貿易。治平四年，夏人上章謝罪，乞通和市，遂復許之。後以河北榷場私販者衆，遂定與化外人私相貿易罪賞法。朱彧萍州可談曰：『京師置都亭驛待遼人，都亭西驛待夏人，同文館待高麗，懷遠驛待南蠻，』當時中外通商之盛，於此可見一斑。

第六節　北宋之廟市

我國廟市，在北宋時已甚發達，東京相國寺，乃瓦市也，僧房散處，而中庭兩廡，可容萬人，凡商旅交易，皆萃其中，四方趨京師，以貨物求售，轉售他物者，必由於此。（宋、王栐燕翼貽謀錄卷二，東京、相國寺條）相國寺每月五次開放，萬姓交易，大三門上，皆是飛禽貓犬之類，珍禽奇獸，無所不有，第三門皆動用什物，庭中設綵幙露屋義鋪，賣蒲合簟席屏幃洗漱鞍轡弓劍時果脯腊之類，近佛殿，孟家道冠，王道人蜜煎，趙文秀筆，及潘谷墨。占定兩廊，皆諸寺師姑賣繡作領、抹花朵、珠翠頭面、生色銷金花樣幞頭帽子特髻冠子條線之類。殿後資聖門前，皆書籍、玩好圖畫及諸路罷任官員土物香藥之類。後廊皆日者貨術傳神之類，（孟元老、東京夢華錄卷三相國寺萬姓交易條。）

第七節　北宋之錢幣

宋初，錢文曰：宋元通寶、太平興國中又鑄太平通寶錢，太宗親書淳化元寶作眞行草三體，自是每改元，必更鑄錢，或稱元寶，或稱重寶，而稱通寶者爲最多。仁宗特用皇宋通寶，其後仍改用年號。神宗鑄當十錢，後因贏利太多，民多盜鑄，乃改作當三，又改作當二，謂之折二錢，置鑄錢監於諸路，凡二十六；十七監鑄銅錢，九監鑄鐵錢，徽宗時，又鑄夾錫錢，資本既輕，民間復多盜鑄。當時交子之法盛行，而以蜀人用之爲最盛。初蜀人以鐵錢重，不便貿易，始爲劵，謂之交子，（案交子之性質與本票相近），以便貿易，富民十六戶主其事，諸豪富以時聚首，同用一色紙印造，印文用屋木人物，鋪戶押字，各自隱密題號，朱墨間錯，以爲私記，塡貫不限多少，收入人戶見錢，便給交子，無遠近行用，動及萬百貫，街市交易將交子要取見錢，每貫割落三十爲利。其後富人貲稍衰，不能償所負，爭訟數起，寇瑊守蜀，乞禁之，轉運使薛田議廢交子，則貿易不便，請置交子務於益州，禁民私造，仁宗詔從其請，神宗熙甯二年，以河東運鐵錢勞費，乃詔置交子務於潞州，四年又行其法於陜西，五年交子二十二界將易，而後界給用已多，詔更造二十五界百二十五萬以償二十三界，交子有兩界自此始。紹聖以後，增造日多，價日低落。大觀元年，詔改四川交子務爲錢引務，改交子爲錢引，不蓄本錢，增造無藝，引一緡，僅當錢十數矣。

第八節　茶之進步

自唐人開飲茶之風，至宋則製茶之法愈精，飲茶之人數愈增，而國家之徵榷亦愈繁。宋茶有二類：類有片茶，有散茶，散茶大約卽今日普通所飲之茶，片茶則蒸製頗精，而尤以建茶爲佳，凡片茶蒸造，實棬模中串之，惟建茶（又名建劍）則旣蒸而研，編竹爲格，置焙室中，最爲精潔，他處不能造，其名有龍鳳、石乳、的乳、百乳、頭金、臘面、頭骨、次骨、末骨、麤骨山挺十二等，龍鳳皆團片，石乳的乳皆狹片，的乳亦有闊片者，白乳以下皆闊片，以充貢品及邦國之用。又有龍鳳小團，味尤淸美，每一斤直金二兩，時人言茶者多云旗鎗，蓋以始生而嫩者爲鎗，浸大而展者爲旗也。宋於江陵、眞州、海州、漢陽軍、無爲軍、蘄口等處爲榷貨務六，以榷茶稅，官自爲場，置吏總之，謂之山場，採茶之民，謂之園戶，作茶輸租，悉官市之。民之飲茶者，售於官，給其日用，謂之食茶，出境則給劵，商賈貿易，付錢或金帛於京師榷貨務，以射六務茶，隨所射與之，願就東南付錢及金帛者聽，計直予茶，如京師例，天下茶皆禁，惟川、陝、廣南聽民自買賣，而禁其出境。仁宗以後，諸州之茶肆行天下矣。

第九節　瓷器之進步

晉時東甌出靑瓷，北魏時關中、洛陽均有陶器，然未甚發達也。唐以後始漸進步。唐之陶器，有壽窯、洪州窯、越窯、鼎窯、婺窯、岳窯、蜀窯諸名。五代時吳越有祕色窯，周有紫窯，其瓷皆靑翠。至宋則窯業大盛，定窯、汝窯、官窯、哥窯等所出之瓷器，皆甚著名。定窯在定州，以白色而滋潤者爲正，白骨而加以汾水，有如淚痕者佳；俗呼粉定，又稱白定，其質粗而微黃者低，俗呼土定；汝窯在汝州，其瓷色青，窰土細潤如銅，體有厚薄，而瑩若堆脂；官窯則大觀、政和間汴京自置窯燒造者，土脈細潤，體薄色青，帶粉紅，濃淡不一，有蟹爪紋，紫口鐵足。大觀中，釉分月白粉青大綠三種，政和以後，惟有分濃淡耳。哥窯即龍泉、琉田窰，處州人章姓兄弟分造，兄名生一，當時別其所陶曰哥窯，土脈細紫，質頗薄，色青，濃淡不一，有紫口鐵足，多斷紋，隱裂如魚子，釉惟朱色粉青二種，汁純粹者貴。生一之弟生二所陶，仍龍泉之舊號，又號章窯，或曰處器青器，土脈細膩，質薄，亦有粉青色翠青色，深淺不一，足亦鐵色，但少紋片。唐邑、鄧州、餘杭等處，皆有名瓷，而昌南鎮之瓷器，尤爲工緻絕倫，唐武德中鎮民陶玉者，載瓷入關中，稱爲假玉器，始聞於天下。至宋景德中，鎮民燒造瓷器，質薄膩而色滋潤，真宗命進御，瓷器底書『景德年製』四字，其器尤光緻茂美，著行海內，於是天下盛稱景德鎮瓷器，而昌南之名遂微（見景德鎮陶錄）此今日名震全球之景德鎮瓷器之所由昉也。

第十節　北宋病商之政

宋初豁免瑣稅，整理稅則，商人積困一蘇，且諸國削平，販路無禁，水陸接續，南北交通，貿易之範圍加廣，商業頗有蒸蒸日上之勢，未幾，王安石變法，乃受一大頓挫。安石立法之意，未嘗不善，而性愎不能容正言，小人得乘間以投其所好，其受弊實在於此，今就其與商業有關係者言之：一曰和買，方春乏絕時，預給庫錢，貸之於民，至夏秋令輸絹於官，謂之和買，又曰和市，京東漕司王廣廉等承安石意旨，以千錢配民，課絹一疋，其後疋絹令輸錢一千五百，是假和買絹疋之名，強配以錢，而取其五分之息也。一曰均輸，以發運使總各路之賦入，假以錢貨，恣其用度，使周知各路財賦之有無，而移用之，凡稅斂上供之物，皆得徙貴就賤，用近易遠，以收商賈輕重斂散之權，其法與民爭利太甚，蘇軾時爲推官，嘗力言其弊。一曰市易，元豐初有魏繼宗者，上言京師百貨所居，市無常價，貴賤相傾，富能奪，病能予，乃可以爲天下，於是王安石創市易法，在京設市易務，召在京諸行鋪牙人充本務行人牙人，遇有客人貨物出賣不行，願入官者，許至務中投賣，行人牙人與客人平其價，據行人所要物數，先支官錢買之，賒與行人，立一限或兩限，送納價錢，若半年納，即出息一分，一年納，即出息二分，神宗用其言，發內庫錢一百萬緡，京東市錢八十七萬緡，爲市易本錢。自元豐五年至九年，中書言市易息錢並市利錢總收百三十三萬二千緡，而監專鄭俠上言『自市易法行，商旅頓不入都，競由都城外徑過河北、陝西，北客之過東南者亦然，蓋諸門皆準都市易司指揮，如有商貨入門，並須盡數押赴市易司賣，以致商稅大虧。』是宋不待南渡擾攘，而商業早入於衰頽之境矣。

第十章　南宋之商業

第一節　南渡後之恤商

宋代政治寬仁，史稱藝祖開基，首定商稅則例，自後累朝守爲家法，故卽南宋偏安，國勢日蹙，而蠲省稅斂之詔，亦嘗見於史册。高宗時，詔：『北來歸正人，兩淮復業人，在路不得收稅。』孝宗、隆興之初，招集流民，凡兩淮之商旅歸正人之興販，並與免稅；又詔：『鄉落墟市貿易，皆從民便，不許人買撲收稅，』減罷稅務甚多。光宗、寧宗亦時減罷州縣稅務，惜其時貪吏並緣，苛取百出，私立稅場，算及緡錢斗米菜茹束薪之屬，或擅用稽察措置添置專欄收檢。與小民相刃相靡，不啻讎敵，虛市有稅，空舟有稅，以食米爲酒米，以衣服爲布帛，皆使納稅，遇士夫行李，則搜囊發篋，目以興販，甚者貧民博易瑣細於村落，指爲漏稅，輒加以罪，空身行旅，亦自取金百，方紓路避之，則攔截叫呼，或有貨物，則抽分給賞，斷罪倍輸，倒囊而歸，聞者咨嗟，至指稅務爲大小法場。大抵南宋諸帝，寬仁有餘，而嚴肅不足，故雖有恤商之詔，而官吏置若罔聞，小民疾困，壅於上達，此國祚之所由終於滅絕也。

第二節　南宋時臨安商業之盛

趙宋南遷，建都臨安，五方財貨，咸集處之。吳自牧夢粱錄曰：『都城自大街及諸坊巷，大小鋪席連門，俱是無空虛之屋，客販往來，旁午於道，曾無虛日。江南海賈，穹桅巨舶，安行於煙濤渺莽之中，四方百貨，不趾而集，金銀鹽鈔引交易，鋪前列金銀器皿及玩錢，紛紜無數，珠子市買賣，動以萬數，城內外質庫不下數十處，收解以十萬計。城郭外關水門裏，有水路，週迴數百，自梅家橋至白洋湖，直到法物庫市舶前，有慈元殿及富豪內侍諸司等人家，於水次起造塌房數十所，爲屋數千間，專以假賃與市郭間鋪席宅舍及客旅寄藏物貨，並動具等物，四面皆水，不惟可避風燭，亦可免偷盜，極爲利便，置塌房家，月月取索假賃者，管巡廊錢會，顧養人力，遇夜巡警，不致疏虞。』以商業言，南宋之臨安，誠不亞於北宋之汴梁也。

第三節　南宋之幣制

南宋幣制，與北宋無甚大異，惟改交子之法爲關子會子，似較北宋稍爲進步耳。高宗紹興六年二月，詔置行在交子務，造百五十萬緡，充糴本，有司言官無本錢，民何以信，極論其不可，於是罷交子務，令榷貨務椿見錢印造關子，旋又改爲會子以臨安府應支官錢造會子，椿見錢於城內外流轉，其合法官錢，並許兑會子，赴左藏庫送納，會子務日造會子，監官分押，每一萬，道解赴部，部覆印。通行淮、浙、湖北、京西除除亭戶鹽本，並用見錢外，其不通水路去處，上供等錢，計盡用會子解發，其沿流州軍，錢會中半，民間與買田宅牛畜車船等如之，或全用會子者聽。後以會子利厚，僞造者多，遂立嚴法，犯者處斬，告者賞一千貫；然終不能禁絕，而諸路綱運，並要十分見錢，州縣不許民戶輸納會子，以致在外會子，往往爲商賈低價收買，輻輳行在所，朝廷不得已而收之，而舊會業已破損，不堪使用。乾道四年，遂取舊會毀抹截鑿，付會子局重造，以三年爲一界，界以一千貫爲額，逐界造新換舊，舊會破損，但貫百字存印文可驗者，卽與兑換，內有假僞，將辯驗人吏送所司，其監官取朝廷指揮，每驗出一貫僞會，追究原收兌會子入錢三貫，與辯驗人，如官吏用心訖事，無假僞，具姓名推賞。關子會子之外，又有淮交、湖會、川引諸名，但行於其境內，不許出界，商賈不行，民皆嗟怨，迄於宋亡。

第四節　南宋與西南諸夷之博易

西南諸夷與南宋博易最盛者，一曰大理，一曰交阯，周去非、嶺外代答曰：『紹興中宋置提舉買馬司於邕，每冬，大理諸番，以馬叩邊，買馬司先遣招馬官齎綿繒賜之，馬將入境，西提舉出境招之，既入境，邑守與經幹盛備以往，與之互市，綦譙門而坐，不與蠻接也。東提舉乃與蠻首坐於庭上，羣蠻乃與吾六校博易等量於庭下，朝廷歲撥本路上供錢、經制錢、鹽鈔錢、及廉州石康鹽，成都府錦，付經略司，爲市馬之費，歲額馬一千五百匹，分爲三十綱，赴行在所，紹興以後，江上諸軍，乞添綱，令元額之外，添買三十一綱，蓋三千五百匹矣。蠻馬之來，他貨亦至，蠻之所齎麝香、胡羊、長鳴鷄、披氈、雲南刀、及諸藥物，吾商賈所齎錦、繒、豹皮、及諸奇巧之物，於是譯者平價交易云云。』與大理博易之所，多在橫山寨，至與交阯博易，則多在永平寨。嶺外代答又曰：『永平寨與交阯爲境，隔一澗耳，其北有交阯驛，其南有宣和亭，就爲博易場，永平寨主管博，交人日以名香、犀象、金、銀、鹽、鐵與吾商易綾綿羅布而去。凡來永平者，皆峒落交人，遵陸而來，所齎必貴細，惟鹽粗重，止可易布，以二十五斤爲一籮，布以邕州武緣縣所產狹幅者。邕州之外，欽州亦與交人博易，博易場在城外東江驛，以魚蚌來易，斗米尺布者，謂之交阯蜑。其國富商來博易者，必自其邊永安州移牒於欽，謂之小綱。其國遣使來欽，因以博易，謂之大綱，所齎乃金、銀、銅、錢、沉香、熟香、眞珠、象齒、犀角，吾之小商，近販紙筆米布之屬，日與交人少少博易，亦無足言，惟富商自蜀販錦至欽，自欽易香至蜀，歲一往返，每博易動數千緡云。』

第十一章　遼金之商業

第一節　遼之商業

遼本爲東北契丹部落，立國以來，自得燕雲十六州之後，版圖擴大，物産殷饒，便於商業之發展；加以政府之提倡與經營，於是國內外貿易狀況，均有可觀。就國內貿易言，則南京（今北平）人口繁密，有三十萬之多，城北有市，凡水陸百貨，均匯聚於其間，又外城分南北兩市，早晨集南市而夜間則集北市。上京（今內蒙古巴林旗東北）則南城南當横街各有樓對立，下列市肆，交易不用現錢，而用布，（如綾錦之屬）其時外國商人，亦有來上京者，以回鶻商爲最著名。上京南門之東，有回鶻營，即回鶻商人之居留地。此外三京及他州縣，亦各有市，爲貨物貿遷之所。至於國外貿易，則除於南邊置榷場與宋通商以外，在高昌、渤海立互市。當時外國如女眞、鐵驪、靺鞨、于厥、焉舍、波斯、魯、高麗等國，均與遼通商往來；入口貨有金、帛、布、蜜、臘、蛤蛛、獸皮、牛、羊、駝、馬、人參、毳罽之類。

第二節　金之商業

金本爲女眞部落，崛起於北方，初以游牧爲生，本無商業之可言，後來滅遼破宋，深入黃淮兩河流域，奄有中國土地之半，其商業頗有可紀者，玆言其大要如下：

(一)鈔法　金人交易，多以實物，蓋緣錢少之故，當時雖常鑄錢，然多貯於官家，而不能流行於民間，故世宗時，有使者自山東還，太子問民間何所苦？曰：「錢難最苦，官庫錢滿，有露積者，而民間無錢，」是金人之患，不知錢之功用也。范成大攬轡錄稱：「金嘗效中國楮幣，於汴京置局，造官會，謂之交鈔，擬見錢行使，而陰收銅錢，悉運而北，過河卽用錢不用鈔」，此策之最下者。章宗初卽位，有欲罷鈔法者，有司言商旅利於致遠，往往以錢易鈔，蓋公私俱便之事，豈可罷去，議遂寢。初制七年爲限，納舊易新，後改爲字昏方換，收斂無術，出多入少，民寖輕之，遂鑄永安寶貨，一兩至十兩五等，每兩折錢二貫，與鈔並用；嗣又令西京、北京、臨潢、遼東等路，一貫以上，俱用銀鈔寶貨，不許用錢，一貫以下聽民便，而民間盡以一貫以下交鈔易錢用之，銀鈔寶貨仍不行，於是定制，商旅齎見錢，不得過十貫，官及民間舊有見錢多者，許送官易鈔，十貫以上，不得出京。又以諸處置庫多在公廨內，小民出入頗難，命州縣委官及庫典於市肆要處置庫支換，且以鈔之流滯，定所司之賞罰，而鈔之賤滯如故，其後雖迭更其名，如貞祐寶券、貞祐通寶之類，而民仍貴錢賤鈔，蓋卽過河用錢不用鈔之結果也。

（二）茶鹽　金茶自宋人歲供之外，皆市於宋界之榷場。章宗承安初，始設官製茶，淄密、寧海、蔡州各置一坊造茶，依南方例，每斤爲袋，直六百文，以商旅猝未販運，命山東、河北四路轉運司，以各路戶口均有袋數，付各司縣鬻之，既而尙書省奏：『茶者，飲食之餘，非必用之物，比歲上下競啜，農民尤甚，市井茶肆相屬，商旅多以絲絹易茶，歲費不下百萬，是以有用之物而易無用之物也，若不禁，恐耗財彌甚，』遂命七品以上官，其家方許食茶，仍不得賣及饋獻。其後言事者以茶乃宋土草芽，而易中國絲綿錦絹有益之物不可也。國家之鹽，出於鹵水，歲取不竭，可令易茶，省臣以爲所易不廣，令兼以雜物博易。宣宗元光中，省官以『國蹙財竭，金幣錢穀，世不可一日缺者也，茶本出於宋地，非飲食之急，而自昔商賈以金帛易之，是徒耗也，兵興以來，邊民窺利，越境私易，今河南、陝西凡五十餘郡，郡日食茶率二十袋，袋直錢一兩，是一歲之中妄費民銀三十餘萬兩也，奈何以吾有之貨而資敵乎？』乃制親王公主及現任五品以上官素蓄者存之，禁不得賣饋，餘人並禁之，犯者徒五年，告者賞貨泉一萬貫。觀金人所言市茶之害，卽可知宋人所得市茶之利矣。金故地濱海，多產鹽，及得中土，鹽場倍之，設官立法加詳，其法大致以鹽歸官專賣，而許民以米易鹽。世宗大定中設榷鹽官於大鹽濼，聽民以米貿易，而沿海諸榷場，又聽官民以鹽市易。鹽在本境可易米，在邊境可易茶，一物也而飲食之品胥恃以爲易，中金人之沾鹽利大矣哉！

(三)榷場　金與宋互市，例設榷場，故金史食貨志，特立榷場一門，其言曰：『榷場者，與敵國互市之所也，皆設場官，嚴厲禁，廣屋宇，以通二國之貨，歲之所獲，亦大有助於經用焉。』泗、壽、唐、鄧、潁、蔡、鳳、密、鞏、洮等處，皆有榷場，泗州一場，在大定間，歲獲五萬三千四百六十七貫，承安元年，增至十萬七千八百九十三貫，所增蓋以倍計，其利可見。興定中，集賢諮議官呂鑑言：『嘗監息州榷場，每場獲布數千疋，銀數百萬，兵興之後，皆失矣。使無兵戰之禍，榷場之利，殊未可以量限也。』金與宋互市外，又有保安、蘭州、環州、綏德州榷場之設，以與西夏互市云。

第十二章　元之商業

第一節　元之通商起國

元之先世，一蒙古游牧民族耳，不數傳而勃興，卒至統一中夏，震撼亞、歐，建自古未有之大國，雖藉其強悍勇猛之武力，而緣通商以爲滅人國之利器，則幾與今日列強一轍。其亡南宋也，以商利爲前驅，以兵戎爲後盾，史蹟中蓋班班可考者。元史、世祖紀、中統元年四月，置互市於漣水軍，禁私商不得越境，犯者死；二年，申嚴沿邊軍民越境私商之禁，時有宋私商七十五人入宿州，吏議罰於法，詔宥之，還其貨，聽榷場貿易。三年，又獲私商南界者四十餘人，命釋之。至至元二年，始罷南邊互市，釋宋私商五十七人，給糧歸其國，既嚴私商越境之禁，後寬宋商犯法之罪，意必爲收買人心起見，故意與此甘誘之德也。其先世平定西遼，亦用商業經營之法，元史譯文證補稱：『太祖嘗遣西域商三人，賫白駱駝、毛裘、麝香、銀器、玉器，遣貨勒自彌王，願與之締交通商，貨勒自彌王如約，太祖又命親王諸延等出貲遣人隨西域商賈西行，購其土物，貨勒自彌疑爲蒙古細作，拘而殺之，惟一人逸歸，太祖始有用兵之意，然猶遣使諭貨勒自彌，謂先允互市交好，何背約，如殺商非有意，請以酋爲償，返所奪貨，不則，以兵相見，』是太祖之窮兵西域實非始願，而其所急者，專在互市之利，亦可見蒙古之重商業矣。

第二節　元代市舶之盛

元代統一中夏之後，銳意擴張海權，世祖嘗命中書右丞索多等，奉璽書十通，招諭諸番，於是海外諸國，如馬八兒、俱藍等，並通朝貢，而回回商賈，亦交通於海陸。元之商賈，多回回人，太祖遣使至貨勒自彌議互市之商四百數十，皆畏兀人，畏兀郎回紇也。元史安南傳、中統三年，詔諭其王陳光昺以其國有回鶻商賈，欲訪以西域事，令發遣以來。五年，又下詔徵商賈回鶻人。馬八兒傳，凡回回國金珠寶貝盡出本國，其餘回回盡來商賈此間，是回回既由陸路通商，又有海道興販，故其時市舶頗盛，而尤以泉州爲最。據馬哥孛羅遊記所載：『泉州一港，印度商船，來者頻繁，輸入香料，及其他珍異，中國南部商人來此者極衆，外國輸入之無數珠玉及其他品物，均由彼等分配於南部各處，余敢斷言亞力山大利亞以外之商港，爲有胡椒船一艘入港，以供耶穌教國，此泉州港必有百艘（或以上）之胡椒船入口，此港蓋世界兩最大貿易港之一也。』又據伊本巴都他、印度支那遊記所載：『泉州爲世界最大港之一，實則可云唯一之最大港，余見是港有大海船百艘，小者無數，』當時泉州貿易之盛，可想而知。泉州、上海、澉浦、温州、廣東、杭州、慶元市舶司凡七所，成宗時併澉浦、上海，入慶元市舶提舉司，而海外諸番，又貿易於太倉，謂之六國馬頭，（見方輿紀要）每歲招集船商於番邦，博易珠翠香貨等物。次年，回番依例抽解，然後聽其貨賣，抽解之例，凡貨皆十分取一，粗者十五取一，獨泉州特輕，三十取一。至元三十年，各港皆依泉州爲例，三十取一，永爲定制。杭、泉市舶，則官自具船給本，選人入番貿易諸貨，其所獲之息，以十分爲率，官取其七，所易人得其三，凡權勢之家，皆不得用己錢入番爲賈，犯者罪之，仍籍其家產之半。其諸番官旅就官船賣買者，依例抽之，凡金銀銅鐵男女，并不許私販入番。大德中，禁商下海罷市舶。延祐元年，復立市舶提舉司，仍禁人下番，官自發船貿易，蓋海商利厚，又易爲姦，故禁民商而歸官辦也。至元統二年，中書請發兩艘船下番，爲皇后營利，則不成政體矣。

第三節　關於商賈之禁令

元代刑法志所載：關於商賈之禁令特多，皆非前代所有者，比而考之，可以見其寬嚴之用意焉。

一、諸江南之民，每夜禁鐘以前，市井點燈買賣，曉鐘以後，人家點燈讀書工作者並不禁，其集衆祠禱者禁之。

一、諸關廂店戶居停旅客，非所知識，必問其所奉官府文引；但有可疑者，不得容止，違者罪之。

一、諸經商或因事出外，必從有司會問鄰保出給文引，違者究治。

一、諸海濱豪民，輒與番商交通貿易銅錢下海者，杖一百七。

一、諸市舶金銀銅鐵男女人口絲綿緞匹綾羅米糧軍器等，不得私販下海，違者舶商船主事頭火長，各杖一百七，船物沒官。

一、諸舶商大船給公驗，小船給公憑。每大船一，帶柴米船八，艄船各一，驗憑隨船而行，或有驗無憑，及數外夾帶，即同私販，犯人杖一百七，船物並沒官，內一半付告人充賞，公驗內批寫貨物不實，及轉變滲泄作弊，同漏船法，杖一百七，財物沒官，船司官吏容隱，斷罪不敍。

一、江南鐵貨及熟鐵器，不得於淮、漢以北販賣，違者以私鐵論，又無引私販鐵者，杖六十以上。

第四節　中原既定後之商政

元既定中原之後，商賈貿易，多依附權貴僧道之勢，以免課稅，如世祖中統四年，令凡在京權勢之家爲商賈，及以官銀買賣之人，並須輸稅，入城不弔引者，同匿稅法。至元十九年，又以勢家之商賈者阻遏舟船，立沿河巡察軍，犯者沒其家，是權勢之商，有不輸稅及阻遏民間行船之事也。至元三十年，敕僧寺邸店商賈舍止，其物貨依例抽稅。仁宗元祐五年，敕上都寺權豪商賈貨物並輸稅課；七年七禁京城諸寺邸舍匿商稅。文宗時，又詔僧道女里可溫答失蠻爲商者，仍舊納稅。蓋元宗崇信宗教，僧道女里可溫等勢可與權貴抗衡，商賈依止，可以免稅，而僧道等亦可挾勢而爲商，此皆非前代所有也。

第五節　元代驛站制度

元代驛站制度，以大都爲中心，由大都闢有大道若干，各通至行省，在每條大道，每隔二十五英里，或三十英里，立一驛站，此地卽成爲一個市集。驛站之建築良好，房屋構造複雜，分爲數間，飾以錦繡，凡達官貴人於旅途中所需各種物品，驛站中皆備。每站備有良馬四百匹，專供大汗使官或差役馳騁往來掉換之用。此類驛站，不獨於市集有之，卽在山僻之區，距離市集或村落甚遠，及距離大道甚遠地方，其建築及設備均與前述驛站相等。總之在大汗國土範圍之內，驛站之數，幾及一萬，而諸站所備馬數，共有二十萬匹，運用方面，極爲便利。

第六節　元代商業政策

元代經濟政策，係採重商主義，據洪文卿元史譯文證補：『元太祖嘗遣西域商三人賫白駱駝毛裘、麝香、銀器、玉器贈貨勒自彌王（卽花剌子模）並要求往來通商又嘗派親王諸延等出賫遣人隨西域商賈西行收買西域土物。』又據元史：『世祖卽位於統一中夏之後，卽命中書右丞索多等奉璽書十通招諭諸蕃輸誠內向，於是占城（今法領印度支那中部交趾地）馬八兒（今南印度馬都剌部地）及俱藍（今南印度境內）等南洋諸國均入朝奉貢，而回回商賈與中國海陸兩路均有交通往來，』由此可知元代國際商業政策，頗能積極推行，而同時對於國內商業亦頗注重。據元史耶律楚材傳：『中原地稅商稅鹽酒鐵冶山澤之利，歲可得銀五十萬兩，帛八萬匹，粟四十餘萬石，』中原商稅歲額旣如是之重，則當時國內商業之興盛，可以知矣。

第七節　元代商人之種類

元代商人種類，至爲複雜，有蒙古人、漢人（契丹、女眞及中國黃河流域人）南人（江、淮以南之南宋人）及色目人。色目人在商業上所佔勢力最大，所包括之人種亦最繁；凡西域人，歐洲人及各濤屬人均屬之。當時宗教中人之經營商業者，往往受政府特別優待，而宗教中商人有佛教徒，道教徒，基督教徒，回教徒，猶太教徒之分，就中以回教徒人數最多，雜居中國內地，回人來自西域者，多教以經營商業爲目的，其在商業經營方面，均富於冒險之精神。又當時歐人來中國者，多爲基督教徒，彼等除爲宗教事務以外，多爲經商而來，其中著名之人物，如馬哥孛羅（Marco Polo）阿多利克（Friar Odoric）白果拉蒂（F. B. Pegolotti）等，均係意大利人，遠來中國，或作官或經商或傳教，彼等回國以後，俱著有游記，記載當時中國社會實業風俗頗詳，於是歐洲人士誦讀其書，始知中國爲東亞大國，而豔羡之心，油然而生，汲汲求與中國通商。觀此，歐風東漸，固爲明代中葉以後之事，而歐、亞通商之動機，實肇始於元代也。

第八節　元代商稅

元代商稅之種類，可分爲三：一、正課，商賈買賣所納稅額，以及田宅奴婢孳畜之交易所納契本工墨之費；二、額外課，卽正課之外，另行增收之課額；三、船料稅，對於商船所徵之稅，就中額外課曾經禁徵，而船料稅率則定爲一千料以上者年納鈔六錠，一千料以下者依數遞減。至於商稅正課之稅率，則定爲三十分取一，後又改爲二十分取一。元代商稅之徵收，嘗有承包之制，卽當時所謂撲買，凡天下商稅，統由一人承領包辦，每年繳上天下商稅額若干萬；如太宗十一年十二月商人馬爾圖哈瑪爾釁撲買中原銀課二萬二千錠，以四萬四千錠爲額。又據元史耶律楚材傳：『富人劉忽篤、馬涉獵、發丁、劉廷玉等以銀一百四十萬兩撲買天下課稅，後來由馬爾圖哈瑪爾撲買，又增至二百二十萬兩。』元代商稅歲額，世祖至元七年額止四萬五千錠，其溢額別作羨餘，是年五月，以上都商旅往來艱辛，特免其稅，惟典賣田宅不納稅者，仍然查禁。二十年派委官吏，提調各路商稅，增羨者遷賞，虧短者賠賞降黜。又令各路按月以所收之數申報於部，過期不報，或呈報不實者，處分有差。是年，定上都稅課六十分取一。二十二年增加商稅契本二十六年又增商稅內地二十萬錠，江南二十五萬錠；二十九年定諸路輸納之限。元貞元年，增上都之稅，至大三年每道契本增至元鈔三錢。文宗天曆時，天下總入商稅額數爲九十三萬九千五百六十八錠，可知此時商稅視前加重在二十倍以上，就中以江、浙行省所收數額最多，計爲二六九、〇二七錠，江南行省次之計爲一四七、四二八錠，而以嶺北行省（統漠南漠北即今外蒙古）所收歲額爲最低，計爲四四八錠。

第九節　元代國營商業

元代國營商業，有平準庫，回易庫，和買及市易司等；至於鹽鐵酒茶官賣之制，則大致與前代相同。平準庫始立於世祖至元年間，諸路及和林均有之，主平物價，使相依準，不至低昂。回易庫亦於至元間設立，諸路凡十有一，掌市易幣帛諸物。和買之制，是倣傚宋代之遺法，先創行於大都，旋上都與諸路亦次第舉行，但往往估價不實，吏胥作弊，百姓受其擾害。市易司先立於各都會，使諸牙儈計商人貨物，四十取一，以十爲率，六分入官，而以四分給牙儈，同時上都與隆興（今江西南昌）諸路，亦各立市易司，以官錢買幣帛易羊馬，選蒙古人牧之，收用其皮毛筋骨酥酪等物，亦以十分爲率，八分入官，而以二分給牧者。

第十節　元代都市

大都爲天下商賈輻輳之所，舉凡海內外各地所產珍品異物，均匯集於此，輦轂之下，人口殷庶，冠蓋雲集，城廂內外，街道縱橫，市廛櫛比，宮城附近，居民製造百物，專售宮中，以供御用，熙往攘來，狀甚忙碌。至於城外，則繁華尤甚於城內，商賈既多，遊宦寓公尤衆，其間室家建築之美，池館臺榭之勝，堪與城中頡頏。大都爲全國交通中心，由大都以往各行省，或由各行省至大都，均有大道通行，而大都之所以得成爲全國政治與工業之中心者，實賴此種交通制度。大都以外，沿黃河流域之西安、太原、大同、涿州、臨清州；沿長江流域之集慶路（南京）鎮江、揚州、蘇州、杭州、澉浦、襄陽均爲當時著名都市。至於珠江流域之廣州、泉州貿易亦極繁盛。據伊本巴都達、遊記所載：『泉州城甚大，爲世界最大商港之一，城中織造天鵝絨及緞，品質均極優良，港中船舶極多，大者約有一百，小者不可勝記，其間回回商人，則另成一市。』觀此，元代泉州工商業之繁盛，可以知矣。

第十一節　工藝之發達

經世大典曰：『國家初定中夏，制作有程，乃鳩天下之工，聚之京師，分類置局，以考其程度而給之食，使得以專於其藝，故我朝諸工，製作精巧，咸勝往昔。』元史工藝傳：『阿爾尼格善畫塑及鑄金爲像，其弟子有劉元者舉西天梵像，亦稱絕藝。至元中凡諸大名刹，塑土範金，搏換爲佛像，出元手者，神思妙合，天下稱之。搏換者，漫帛土偶上而髹之，已而去其髹帛，儼然成像云。』據此，知元代工藝以髹漆爲最精，故陶宗儀輟耕錄載其時髹器有黑光朱紅鍍水鎗金銀西皮諸法，今日吾國漆器著稱世界，蓋由元代逐漸進步，此亦治商業史者所當知也。

第十二節　木棉之廣種

大學衍義補曰：『漢、唐之世，木棉雖入貢中國，未有其種，民未有以爲服也。宋、元間，始傳其種，關、陝、閩、廣首得其利，』蓋閩、廣海舶通商，關、陝接壤西域故也。案元史世祖本紀，至元二十六年，置浙東、江西、湖廣、福建木棉提舉司，木棉一物，至設專官管之，其盛無疑。章有謨景船齋雜記曰：『閩、廣多種木棉，紡織爲布，名曰吉貝。松江府東十里外，曰烏泥涇，其地田土磽瘠，民食不給，因謀樹藝，以資生產，遂廣種於彼，初無踏車彈弓之製，率用手剖去其子，更用線弦竹弧置案間振彈之，然功成甚難。元時有一嫗名黃道婆者，自崖州歸，乃教人造桿彈紡織之具，至於配色綜線軋花，各有其法，故織被褥帶巾等物，或有團鳳棋局字樣，粲然若寫，人既傳授，競相製造，轉貨他郡，家亦就殷，未幾，嫗卒，衆爲立祠，歲時享之。」

第十三節　元之幣制

元代貨幣有錢，有銀，有鈔；錢不常鑄，其用視銀鈔爲後；銀之鑄錠者，自平宋始，伯顔平宋回自揚州，檢視將士行李所得銀銷鑄作錠，每重五十兩，名曰揚州元寶，此元寶之名所由來也。後又以遼東所得銀鑄遼陽元寶，其朝廷所鑄者，統曰元寶，重四十八九兩不等，而銀之用亦不逮鈔之廣，終元之世計臣所經畫者鈔而已。鈔法始於蒙古太祖時，太宗、憲宗迭仿其法，印造交鈔，而未大行，世祖中統初始造中統元寶交鈔，自十文至二貫文凡十等，不限年月，諸路通行，賦稅並聽收用。世祖、中統元年，始造交鈔，以絲爲本，每錠五十兩，易絲鈔千兩，諸物之値，並從絲例，是年有又造中統元寶鈔，其文以十計者四：曰十文，二十文，三十文，五十文；以百計者三：曰百文，二百文，五百文；以貫計者二：曰一貫，二貫，每貫同交鈔一兩，兩貫同白銀一兩。又以文綾織爲中統銀貨，其等有五：曰一兩、二兩、三兩、五兩、十兩，每兩同白銀一兩，而銀貨未能通行，至元十二年，增造釐鈔二文、三文、五文、三種。至十五年以釐鈔不便於民，罷印。元寶交鈔，行之既久，物重鈔輕，二十四年，遂改造至元寶鈔，自二貫至五文，凡十有一等，與中統鈔通行，每一貫文當中統鈔五貫文。至武宗時，復以物重鈔輕，鈔法日弊，改造至大銀鈔，自二兩至二釐凡十三等，每一兩準至元鈔五貫，白銀一兩，黃金一錢，元之鈔法，至是蓋三變矣。仁宗即位，罷至大銀鈔，仍用中統、至元二鈔，順帝至正十年，以國用不給，更造至正交鈔，與銅錢相權而行，至元鈔，通行如故。然行之未久，物價騰踊，至逾十倍，又値海內大亂，軍需不資，每日印造，不可以數計，而鈔價大跌，京師鈔十錠易斗粟尙不可得，所在郡縣，皆以實物相交易，公私所積之鈔，遂俱不行，人民視鈔若敝紙，由是國用大乏，而元以亡。

第十三章　明之商業

第一節　太祖之商政

明太祖起自田間，故重本抑末，然當開國之時，其爲政頗利商人，關市之徵，由十一減至三十而一，又以民間農工商賈多不讀書，遂命儒士編書教之，此實我國實業教科書最初之本，特惜其不傳耳！茲將其商政略舉於左：

一、禁和雇和買　和買起於宋，所謂和買者，先期給民錢，至夏秋輸物於官，亦謂預買，至元而有和雇之名，大抵和雇和買，名異實同，其弊也至於官不給值而民仍輸物，太祖詔令內外軍民官司，並不得以和雇和買擾害於民。

二、平貨物價值　凡民間市肆，賣買貨物價值，須從州縣親民衙門，按月從實申報上司，以憑置辦軍需等項，照價收買。又各府州縣，每月初旬取勘諸物，毋許高擡少估，上司收買，按時估兩平給價，毋縱胥吏等作弊。

三、較勘斛斗秤尺　命在京兵馬司指揮領市司，詔中書省，令在京兵馬司，幷管市司，每三日一較勘街市斛斗秤尺，稽考牙儈物價。

第二節　南京之商業

明都金陵，建立街巷，百工貨物買賣各有區肆，如銅鐵器則在鐵作坊，弓箭則在弓箭坊，木器則木匠營，以及錦繡顏料珠寶等類，無不各有專地，其規模之盛，可以想見。顧起元客座贅語曰：『自大中橋而西，由淮浦橋達三山街，斗門橋以西，至三山門，又北自倉巷至冶城，轉而東至內橋中正街而止，京兆赤縣之所彈壓也。其物力客多而主少，市魁駔儈，千百嘈哄其中，』顧氏又曰：『南都浮惰者多，劬勤者少，衣絲躡縞者多，布服菲屨者少，以是薪粲而下，百物皆仰給於貿居，而諸凡出利之孔，拱手以授外土之客居者。典當鋪在正德前，皆本京人開，今則細緞鋪、鹽店，皆爲外郡外省富民所據，而俗尚日奢，貿易之家，發跡未幾，傾覆隨之。由此，知南京之商業最盛，多爲外來之商，土著蓋甚少也。

第三節　塌房之制

明初，京師軍民居室，皆官所給，比舍無隙地，商賈至，或止於舟，或貯城外，駔儈上下其價，商人病之。太祖乃命於三山諸門外瀕水爲房，名塌房，以貯商貨，其貨物以三十分爲率，內除一分官稅錢，再出免牙錢一分，房錢一分，與看守者收用，貨物聽客商自賣，其小民鬻販者，不入塌房投稅。成祖肇建北京，亦仿其制，於京城建塌房。仁宗時，御史羅亨信言在外州郡城市，多有豪猾軍民居貨在家，一如塌房，請遣官點勘居貨之家，每房一間，月追鈔五百貫，後遞減至二十貫。至景帝時，又定凡商客紡、羅、綾、錦、絹、布及皮貨、磁器、草席、雨傘、鮮果、野味等一切貨物，依時估値，收稅鈔，牙錢鈔，塌房鈔若干貫及文，各有差，蓋明代收塌房之稅，固與貨稅並重也。

第四節　北京之繁盛

成祖遷都燕京，南方人物，俱隨之而北，故山東巡撫陳濟上言：「淮安、濟甯、東昌、臨淸、德州商販所聚，今都北平，百貨倍往時，」此可知北方商業之盛，由成祖之遷都也。明時燕京極其繁盛，尋常之市，如豬市、羊市、牛市、馬市、果木市、煤市各有定所。其按時開市者，則有燈市、廟市、內市等。燈市在東華門王府街東，崇文街西，亘二里許，南北二廛，凡珠、玉、寶器，以及日用微物，無不悉具，衢中列市棊置，數行相對，俱高樓，樓設氍毹簾幕，爲宴飲地，一樓每日賃直至有數百緡者，夜則燃燈於上，望如星衢，每歲自正月初八日開市，至十八日始罷，（燕都遊覽志。）廟市者，以市於城西之都城隍廟而名也，西由廟東至刑部街止，亘二里許，其市肆大略與燈市同，人生日用所需，精麤畢具，以至書、畫、骨董，眞僞錯陳，每月朔、望及二十日開市，卽曹入直之暇，下馬巡行，冠屨相錯不絕也。（燕都遊覽志）初四、十四、二十四等日，則於東皇城之北有內市，然不及廟中之盛，諸門皆稅課，而統於崇文一司，各門課錢，俱有小內使經管收納，囊橐騎驢，例須有課，車則計囊橐多寡以爲算，至於菜茹入城，鄉民亦於鬢邊搭錢二文，以憑小內使經往摘取之，彼此不相問也（舊京遺事。）

第五節　明代之廟市

明柳人曾遊廟市記云『紫宮之西，貫索之南，爰建都市，合天衆也。月之市者三，凡朔、望及下午三日，布市籍者，駱驛捆載，般般隆隆，萬貨川徙，充物錯峙，』觀此，明代廟市之盛況，可以想見。明代廟市以北京城隍廟市最爲繁榮，城隍廟市，月朔、望、念五日；東弼教坊西逮廟廊廡，列肆三里，圖籍之曰古今，彝鼎之曰商、周，匜鏡之曰秦、漢，書畫之曰唐、宋，珠、寶、象、玉、珍、錯、綾、錦之曰滇、粵、閩、楚、吳、越者集。簪佩鉤環之靡者害者，市無傳也；其壇廟服用之器具則傳器首宣廟之銅，次漆器、口古犀毗、剔紅、戧金、攢犀、螺鈿，市時時有，次紙墨，外夷貢者有烏斯藏佛，有西洋耶穌像，有香幢有倭扇等。（明劉侗帝京景物略卷四城隍廟市條。）

第六節　明代商稅

明之商稅，較諸元末，輕少簡單，洪武十三年上諭：「凡婚喪用物及舟車絲帛之類免稅，又蔬果飲食畜牧諸物免稅。」成祖時，時節禮物，染練自織布帛，收買已稅之物，舟車所運已稅之物，銅錫器物竹木蒲草器物及常用雜物，均一槪免稅。永樂以後，商稅之額量及種類，均逐漸增加，商品在市場中有營業稅，在運輸中有通過稅，應稅貨物種類，則張務於官署之旁，開列名目，按而徵之。凡應稅之物，有隱匿不報者，一經查出，則罰取其貨之半，沒收入官。其所徵之額，除本色外，有折色，折色除錢鈔之外，更有金銀。抽分局所稅以竹木爲主，而蘆柴茅草薪炭亦在其內。稅率自三分抽一，以至三十分抽二不等。河泊所所稅爲魚蝦之類，所稅之物爲折色，或鈔或錢或米，河泊所大河南北均有，其數二百五十有二。酒稅之制，大抵爲私造官徵；而茶稅之制，有官茶商茶，官茶間徵課鈔，而商茶收課之法，大略與鹽稅相同。鹽稅有中鹽之法，由商人輸粟於邊，即准領鹽若干引，是爲納米中鹽之制；或由商人驅馬至邊，即准領鹽若干引，是爲納馬中鹽之制。另有關市之徵，據明史藁食貨五載：「關市之徵，宋、元頗繁瑣，明初務簡約，其後增置漸多，行齎居鬻，所過所止各有稅，其名物件悉榜於官署，按而徵之，惟農具書籍及他不鬻於市者勿算；應徵而藏匿者沒其半，買賣田宅頭匹，必投契本，別納紙價。」

至於辦理商稅機關，有都稅、有宣課、有司、有局、有分司、有抽分場局、有河泊所，此類機關，凡京城諸門，及各府諸縣市集多有之，共計有四百餘所，其後以次裁併十分之七。

第七節　關於商賈諸法

明朝凡農家許著綢紗絹布，商賈之家，止許著絹布，如農民之家有一人爲商賈者，亦不許著綢紗，（明會典）蓋本漢法不許商賈衣絲乘車之意也。又凡城市鄉村諸邑牙行及船埠頭，准選有職業人戶充應，官給印信文薄，附寫客商船戶籍貫姓名路引家號物貨數目，每月赴官查照，私充者杖。諸物行人評估物價，或貴或賤，令價不平者，計所增減之價論罪。買賣諸物，兩不相同，而把持行市，專取其利，及鬻販之徒，通同牙行，共爲姦詐者杖，若見人有所買賣，在旁高下比價，以相惑亂而取利者笞；凡私造斛斗秤尺及作弊增減輕者官降，不如法者提調，官失勘者，其在市行使不經官司較勘印烙者，倉庫官吏私自增減者官降，收支不平者監臨，官知而不舉，及失覺察者，凡造器用之物不堅固眞實，及絹布等紕薄短狹而貨賣者，各定罪有差。（續文獻通考）蓋皆循唐制也。

第八節　明代之鈔法

明初置局鑄錢，有司責民出銅，民毀器皿輸官，頗以爲苦，又鼓鑄甚勞，姦民多盜鑄，而商賈轉易，錢重道遠，頗不便。太祖以宋有交會，元亦用鈔，其法省便，易於流轉，遂詔中書省造大明寶鈔，命民間通行。其制以桑穰及太學諸生課藁廢紙擣造，方高一尺，廣六寸，質青色，外爲龍文花欄，橫題其額曰：大明通行寶鈔，其內上兩旁，復爲篆文八字，曰：「大明寶鈔天下通行」，中圖錢貫狀，十串爲一貫，其下楷書曰：中書省奏准印造，大明寶鈔，與銅錢通行使用，僞造者斬，告捕者賞銀二十五兩，仍給犯人財產，洪武年月日。若五百文則畫錢文爲五串，餘如其制，而遞減之，其等凡六：曰一貫，曰五百文，四百文，三百文，二百文，一百文，每鈔一貫，准錢千文，銀一兩，四貫准黃金一兩，禁民間不得以金銀物貨交易，違者罪之。後又禁行錢，凡軍民商賈所有銅錢，悉送赴官，敢有私自行使，及埋藏棄毀者罪之，然其法皆不行。天下稅糧，仍以錢鈔錢絹代輸，民間交易，率用金銀布帛。成祖及仁、宣諸帝，數立嚴法，命鈔通行，而卒不得。英宗時嚴申法令，對寶鈔懷疑不用者，罰萬貫，全家充軍，屢申法令，終鮮實效。至嘉靖四年，鈔一貫僅折銀三釐，猶是官家定率，私相授受，更有不及此率者。明之制錢，又有京省之異，京錢曰黃錢七十文值銀一錢，後百文僅值五分。外省錢曰皮錢，百文值銀一錢，後僅值四分，圜法之紊，蓋前代所未有也。

第九節　鈔關之制

宣德四年，以鈔法不通，由商居貨不稅，遂於京省商賈湊集地，市鎮店肆門攤，稅課增舊凡五倍，兩京蔬果園，不論官私種而鬻者，塌房庫房店舍居商貨者，騾驢車受雇裝載者，悉令納鈔，委御史戶部錦衣兵馬司官各一，於城門察收，舟船受雇裝載者，計所載多寡，路遠近，納鈔，鈔關之設，自此始。其倚勢隱匿不報者，物盡沒官，仍罪之，於是有漷縣、濟甯、徐州、淮安、揚州、上新河、滸墅、九江、臨清、北新諸鈔關，量舟大小修廣而差其額，謂之船料，不稅其貨，惟臨清、北新則兼收貨稅，御史及戶部主事監收。自南京至通州，經淮安、濟寧、徐州、臨清每船百料，納鈔百貫。其後船鈔之數，雖迭裁減，正嘉以降，亦不納鈔，而鈔關之設如故也。

第十節　明之鹽法

明之鹽法，多沿元制。元代各路行鹽之處，如河間、山東、陝西、河東、遼陽、兩淮、兩浙、福建、廣東、廣西、四川諸路，俱商販而辦其課，至歲額多寡，往往隨時酌定，或以運司領其事，或兼轄於行御史台及行中書中省。明初於產鹽之地，均設官領之，而鹽引稅額，亦隨時酌定。以所產之地，制法不同，解州之鹽，風水所結，甯夏之鹽，刮地得之，淮、浙之鹽熬波，川、滇之鹽汲井，閩粵之鹽積鹵，淮南之鹽煎，淮北之鹽曬，山東之鹽有煎有曬，故課亦各有多少也。

第十一節　茶馬之法

番人嗜乳酪，不得茶則困以病，故唐、宋以來，行以茶易馬法，用制羌戎，而明制尤密，有官茶有商茶，皆貯邊易馬。初，太祖令商人於產茶地買茶納錢請引，引茶百斤，輸錢二百，不及引曰畸零，別置由帖給之。無由引及茶引相離者，人得告捕，置茶局批驗所，稱較茶引不相當，卽爲私茶，私茶出境，與關隘不譏者並論死。又定令凡買茶之地，令宜課司三十取一。據當時戶部調查，陝西、漢中、金州、石泉、漢陰、平利、西鄉諸縣，茶園四十五頃，茶八十六萬餘株，四川巴茶三百十五頃，茶二百三十八萬餘株，令每十株，官取其一。無主茶園，令軍士薅采，十取其一，以易番馬，太祖從之，於是諸產茶地，設茶課司，定稅額，陝西二萬六千斤有奇，四川一百萬斤。設茶馬司於秦、洮、河、雅諸州，計行茶之地，達五千餘里，西方諸部落，無不以馬售者。厥後又從四川茶鹽都轉運使之請，永寧、成都、筠連並立茶局，是爲明初茶市之盛。成祖時更有馬市三所：一在開原南關，一在開原城東五里，一在廣寧，定置四等，上直絹八疋，布十二，次半之，下二等各以一遞減，既而廢其二，惟存開原、南關，是爲明初馬市之盛況。茶馬二市，原爲明代馭邊之商業政策，惟其後吏多不職，馭邊之法大乖，反爲招禍納侮之階梯，終明季而未已，是可知爲政之在得人也。

第十二節　萬曆中病商之政

明代弊政，無過萬曆之時，自兩宮三殿營建費不貲，始開礦增稅，而天津店租，廣東珠榷，兩淮餘鹽，京口供用，浙江市舶，成都鹽茶，重慶名木，湖口、長江船稅，荆州店稅，寶坻魚葦及門攤雜稅，油布雜稅，中官徧天下，視商賈懦者，肆爲攘奪，沒其全貲，負載行李亦被搜索。又立土商名目，窮鄉僻隖，米鹽鷄犬皆令輸稅，所至數激民變。包汝楫南中紀聞曰：「宗室錯處市廛者甚多，經紀貿易與市民無異，通衢諸紬帛店，俱係宗室，間有人攜負至彼開鋪者，亦必借王府名色。」夫開鋪必借王府名色，則非王府人不得開鋪可知矣。

第十三節　明之貨殖家

明之貨殖家，以沈萬三爲最著。萬三，湖州人，事吳賈人陸某，甚見信用，陸富甲江左，一日歎曰：「老矣，積而不散，以釀禍也。」遂盡與沈家，爲道士。沈擁其貲交通諸番，富遂敵國，嘗爲太祖犒軍，兼築都城三之一，太祖忌而欲誅之，以馬后諫，僅謫戍雲南。（彤史拾遺記）蘇州府志曰：「閶門有孫春陽南貨鋪，天下聞名，春陽甯波人，明萬曆中甫冠，應童子試不售，棄舉子業，來吳門開一小鋪，其鋪如州縣署，有六房，曰南北貨房，海貨房，醃腊房，醬貨房，蜜餞房，蠟燭房，售者自柜上給錢，取一票自往各房發貨，而總管者掌其綱，一日一小結，一年一大結，自明至今數百年，子孫尙食其利，無他姓頂代者。」孫氏治商，規模宏大，井井有條，深合現今大經營之組織也。

第十四章　明代中外互市

第一節　明初市舶之制

明初海外諸國入貢，附載方物，與中國貿易，因設市舶司，置提舉官以領之。市舶司初設於太倉、黃渡；後改設於寧波、泉州、廣州。寧波市舶司專掌日本通商事宜，泉州市舶司專掌琉球通商事宜，廣州市舶司專掌占城、暹羅、西洋諸國通商事宜。朝貢附至番貨欲至中國貿易者，官抽六分給價賞之，仍免其稅。汎海客商船舶到岸，將寶物盡實報官抽分，不得停塌沿港土商牙儈之家，違者有罪。洪武二十七年，倭寇浙東，太祖以海外諸國多詐，絕其往來，惟琉球、暹羅許入貢，命禮部嚴禁緣海之人私下諸番貿易，違者必置之法，凡番香番貨皆不許販鬻，其見有者，限以二月銷盡，其兩廣所產香木，聽土人自用，亦不許越界貨賣。然沿海之人，嗜利冒禁，初未嘗絕也。永樂初，西洋、剌泥等國來朝，附載胡椒，與民互市，有司奏請徵稅，帝不許，三年，以諸番貢使益多，乃置驛於福建、浙江、廣東三市舶司以館之，福建曰來遠，浙江曰安遠，廣東曰懷遠。尋設交趾、雲南市舶提舉司，掌西南諸國朝貢互市之事。

第二節　鄭和下西洋

史稱三保太監下西洋，爲明初盛事。三保太監者，鄭和也。永樂三年六月，奉成祖命通使西洋，將士卒二萬七千八百餘人，多齎金幣，造大舶，修四十四丈，廣十八丈者六十二，自蘇州、劉家河汎海至福建，復自福建五虎門揚帆，首達占城，以次遍歷諸國，宣天子詔，因給賜其君長，不服，則以武攝之。永樂五年九月，和還，率諸國使者朝見。六年九月，再往錫蘭山，國王亞烈苦奈兒誘和至國中，索金幣，發兵劫和舟，和覘賊大衆既出，國內虛，率所統二千餘人，出不意攻破其城，生禽亞烈苦奈兒及其妻子官屬，劫和舟者聞之，還自救，官軍復大破之。九年六月，獻俘於朝，帝赦不誅，釋歸國。是時交趾已破滅，郡縣其地，諸邦益震讋，來者日多。十年十一月，復命和等往使，至蘇門荅刺，其前僞王子蘇幹刺者，方謀弒主自立，怒和賜不及己，率兵邀擊官軍，和力戰追擒之喃渤利，並俘其妻子，十三年七月還朝。十四年冬，滿剌加、古里等十九國咸遣使朝貢，辭還。復命和等偕往，賜其君長，十七年七月還。十九年春復往，明年八月還。二十二年正月，舊港酋長施濟孫請襲宣慰使職，和齎敕印往賜之。洪熙元年二月，仁宗命和以下番諸軍守備南京，南京設守備，自和始也。宣德五年六月，帝以踐阼歲久，而諸番國遠者，猶未朝貢，於是和復奉命，歷忽魯謨斯等十七國而還。和經事三朝，先後七奉使，所歷占城、爪哇、眞臘、舊港、暹羅、古里、滿剌加、渤泥、蘇門答剌、阿魯、柯枝、大葛蘭、小葛蘭、西洋瑣里、瑣里、加異勒、阿撥把丹、南巫里、甘把里、錫蘭山、喃渤利、彭亨、急蘭丹、忽魯謨斯、比剌、溜山、孫剌、木骨都束、麻林、剌撒、祖法兒、沙里灣泥、竹步、榜葛剌、天方、黎代、那孤兒，凡三十餘國，所取無名寶物，不可勝計，而中國所費亦不貲。按和之奉使，蓋以通商爲主，西洋朝貢典錄稱：「和至古里，其王遣頭目哲地見使者，擇日論價，將中國錦綺百貨議定，乃書合同價數各存之，頭目哲地與正使衆手相拏，其牙人言曰，某月日，衆手拍一掌無悔，哲地始擕珊瑚珍珠寶石來價，二三月方定，凡算番物若干，該紵絲等物若干，照原打之貨交易，」此和與外國交易之證也。

第三節　明代之朝貢貿易制度

明代朝貢制度，貢朝有二年一貢，（琉球）三年一貢（安南、占城、高麗等）十年一貢（日本）等之規定，而通常多半係三年一貢。貢道各地有不同之規定，人船之數，自亦加以限制。洪武十六年，禮部制定勘合制度，辨別貢舶之眞僞，貢使到京後，即赴會同館安息，朝見賞賜諸事完畢，則立刻使之就途歸國，若貢使於正貢外，有攜來之附屬貨物，許其從賞賜完畢之日起三日或五日間，在會同館開市交易。會同館互市之外，市舶司所在地，又有市舶互市，已詳前節，茲不贅述。夫外人來華，往往借朝貢之名，行互市之實，至於中國，則對於朝貢非常重視，對於互市反不甚注意，而當朝貢之際，於貢品之外，尤斤斤於禮節，此中外對於朝貢用意之不同也。

第四節　澳門之租借

明初暹羅、占城、爪哇、琉球諸國，皆在廣州互市。正德中，移於高州電白縣，後又移於澳門。其始至澳門者葡萄牙人也，而明史則以爲佛郎機。史云：『佛郎機近滿剌加，正德中據滿剌加地，逐其王（此實葡萄牙事）十三年，遣使臣加必丹末等貢方物，請封，始知其名，詔給方物之直，遣還，其人久留而不去。武宗南巡，其使火者亞三因江彬侍帝左右，帝時學其語以爲戲，武宗崩，亞三相繼死，絕其朝貢，其將別都盧率屬寇新會，稍州指揮柯榮等敗之，奪其礮，即名爲佛郎機。』初，廣東文武官月俸多以番貨代，至是貨至者寡，巡撫林富上言：『粵中公私諸費，多資商稅，番舶不至，則公私皆窘，今許佛郎機互市，有四利焉：往時諸番常貢外，原有抽分之法，稍取其餘，足供御用，利一；兩粵比歲用兵，庫藏耗竭，藉以充軍餉，備不虞，利二；粵西素仰給粵東，小有徵發，即措辦不前，若番舶流通，則上下交濟，利三；小民以懋遷爲生，持一錢之貨，即得展轉販易，衣食其中，利四，助國利民，兩有所賴，此因民之利而利之，非開利孔爲民禍也。』從之，自是佛郎機得入香山澳爲市，而其徒又越境商於福建，往來不絕。其市香山澳、壕境者，至築室建城，雄踞海畔，若一國然。壕境在香山虎跳門外，嘉靖十四年，指揮黃慶納賄，移諸國互市於壕境，歲輸課二萬金，佛郎機遂得混入，高棟飛甍，櫛比相望，閩、粵商人趨之若鶩，久之，其來益衆，諸國人畏而避之，遂專爲所據。（澳門記略：澳門西洋族自嘉靖三十年來此，歲輸廛緡五百一十又五又曰：三十二年，番船託言舟遇風濤，願借壕境地，暴諸水漬貢物，海道副使汪柏許之，初僅茇舍，商人姦利者，漸運瓴甓榱棟爲室，此租借澳門之原始也。）四十四年僞稱滿剌加，已改稱蒲都麗家，臣聞諸上，議必佛郎機假託，乃卻之。按蒲都麗卽葡萄牙，明人誤以爲佛郎機，雖經葡人聲明，而猶不承認，可見其時闇於外情矣。

第五節　澳門之商業及主權

明史稱番人既築城聚海外雜番，廣通貿易，至萬餘人，吏其土者，皆畏懼莫敢詰，甚有利其寶貨，佯禁而陰許之者。澳門記略謂：「萬曆中，香山知縣蔡善繼嘗條議制澳十則，澳弁以法繩夷人，夷譁，將爲變，善繼單車馳往，片言解散，縛悍夷至堂下，痛笞之。總督張鳴岡又就各樹榜以畏威懷法四字，門籍東西各十號，使互相維繫，譏察毋得容姦，一聽約束。」可知明時澳門之商業，雖有外人雜居其地，而主權仍在我也。明史又稱：「其人長身、高鼻、貓睛、鷹嘴、拳髮、赤鬚，衣服華潔，市易但伸指示數，雖累千金，不立契約，有事指天爲誓，不相負。」是葡人之俗，可以考見者也。

第六節　台灣之開闢

臺灣於古無考，相傳鄭和使西洋時，嘗至其地，其後有莆田周嬰，著遠遊編載東番一篇，稱其地爲臺員，是爲臺灣見諸記載之始。至荷蘭居其地，始事耕鑿，設闤闠，稱臺灣焉。明史曰：『和蘭又名紅毛番，地近佛郎機，其人深目長鼻，髮眉鬚皆赤，足長尺二寸，頎偉倍常。』萬曆中，福建商人歲給引往販大泥、呂宋等國，和蘭人就諸國轉販，未敢窺臺灣也。自佛郎機市香山，據呂宋，和蘭人聞而慕之，駕大艦，攜巨礮，薄香山澳，言欲通互市，澳中人謹防禦，始引去，海澄人李某及奸商潘某、郭某久居大泥，與和蘭人習，語其酋麻韋郎曰：『若欲通貢市，無若漳州者，漳南有彭湖嶼，去海遠，誠奪而守之，貢市不難成也，』酋曰：『善，』即駕二大艦，抵彭湖，伐木築舍，爲久居計，時萬曆三十二年七月也。後又侵奪臺灣地，築城其中，又築城彭湖，求互市。天啓四年，巡撫南居益大發兵討之，番人棄彭湖去，而其據臺灣者猶自若也。崇禎中，爲鄭芝龍所破，復駕四舶，由虎跳門薄廣州，聲言求互市，其酋招搖市上，奸民視之若金穴，蓋其國土既富，遇中國貨物當意者，不惜厚資，故華人樂與爲市，後爲總督張鏡心驅斥，乃遁去，而據臺灣自若，至前淸，始爲鄭成功所逐云。

第七節　南洋各地之市易

明代歐人東來之時，吾國閩、粵人之商於南洋者正夥，苟其時朝廷知拓殖民之法，未始不可杜歐人之覬覦，而大張吾國之海權也。今撷明史外國傳所載吾國人經商各地之事實，以餉學者，俾知南洋華僑之所由來焉。

（一）呂宋　呂宋居南海中，去漳州甚近，閩人以其地近且饒富，商販者至數萬人，往往久居不返。佛郎機既據其國，其國遣一酋來鎮，慮華人爲變，多逐之，歸留者悉被侵辱，然華商嗜利，趨死不顧，久之，復成聚。呂宋人聲言發兵侵旁國，厚價市鐵器，華商貪利，盡鬻之，於是家無寸鐵，酋乃下令錄華人姓名，分三百人爲一院，入卽殲之，先後死者二萬五千人，其後華人復稍稍往，而蠻人利中國互市，亦不拒，久之復成聚。

（二）合貓里　合貓里，海中小國也，又名貓里務，近呂宋，商舶往來，成富壤，華人入其國，不敢欺凌，市法最平，故華人爲之語曰：「若要富，須往貓里務。」

（三）美洛居　美洛居地有香山，雨後香墮，沿流滿地，居民拾取不竭，其酋委積充棟，以待商船之售。東洋不產丁香，獨此地有之，可以辟邪，故華人多市易。萬曆時，佛郎機紅毛番橫行海上，爭美洛居，歲構兵，人不堪命，華人流寓者，游說兩國，乃各罷兵，中分其地。

（四）沙瑤吶嗶嘽　沙瑤吶嗶嘽，近呂宋，物產甚薄，華人商其地，所攜僅磁器鍋釜之類，重者至布而止。

（五）波羅　波羅又名文萊，東洋盡處，西洋所自起也。鄭和使波羅，有閩人從之，因留居其地，竟據其國而王之。

（六）眞臘　眞臘民俗饒富，盛食以金盤金碗，故有富貴眞臘之謠。番人殺唐人罪死，唐人殺番人則罰金，無金則鬻身贖罪。唐人者，諸番呼華人之稱也，凡海外諸國盡然。

（七）暹羅　暹羅國周千里，風俗勁悍，自王至庶民，有事皆決於其婦，交易用海䏰，是年不用海䏰，則國必大疫，其國有三寶廟，祀中官鄭和。

（八）爪哇　爪哇國近占城，地廣人稠。人有三種，華人流寓者，服食華美，他國賈人居久者，亦尙雅潔。土人最汙穢。其國亦名莆家龍，又曰下港。萬曆時紅毛夷築土庫於大澗東，佛郎機築於大澗西，歲歲互市中國商旅，亦往來不絕，其國有新村，最號饒富中華及諸番商舶輻輳其地，寶貨充溢，其村主即廣東人。

（九）三佛齊　三佛齊亦曰舊港。有梁道明者，廣州南海縣人，久居其國，閩、粵軍民，帆海從之者數千家，推道明爲首，雄視一方。永樂三年，成祖以譚行人與道明同邑，命偕楊信等齎敕招之，道明及其黨鄭伯可隨入朝貢方物，受賜而還。四年，舊港頭目陳祖義遣子士良、道良，及從子觀政並來朝。祖義亦廣東人，雖朝貢而爲盜海上，貢使往來者苦之。五年，鄭和自西洋還，遣人招諭之，祖義詐降，潛謀邀劫，有施進卿者，告於和，祖義來襲，擒獻於朝，伏誅時，進卿適遣壻邱彥誠朝貢，命設舊港宣慰司，以進卿爲使，錫誥印及冠帶，自是屢入貢，然進卿雖受朝命，猶服屬爪哇也。

（十）浡泥　浡泥在舊港之西，初屬爪哇，後屬暹羅，改名大泥，華人多流寓其地；嘉靖末，閩、粵海寇遺孽，逋逃至此，積二千餘人。

（十一）滿剌加　滿剌加在占城南，男女椎髻，身體黝黑，間有白者，唐人種也，俗淳厚，市道頗平，自爲佛郎機所破，其風頓殊，商舶稀至，多直詣蘇門答臘，然必取道其國，率被邀劫，海路幾斷。其自販於中國者，則直達廣東、香山澳，接跡不絕云。

（十二）蘇門答臘　蘇門答臘，西洋要會也。國俗頗淳，貿易稱平，四方商賈輻輳，華人往者，以地遠價高獲利倍他國。

（十三）蘇祿　蘇祿，有珠池，夜望之，光浮水面，土人以球與華人市易，大者利數十倍，商舶將返，輒留數人爲質，冀其再來。

（十四）柔佛　柔佛近彭亨，華人販他國者，多就之貿易，時或邀至其國。

（十五）丁機宜　丁機宜，爪哇屬國也，華人往商交易甚平。

嗚呼，有明一代，東西兩大民族角逐之時期也！炎荒瘴海，重溟絕險，吾人昔視爲化外，目爲畏途者，至是皆闢爲利藪，此時我族勢力，遠出歐人之上，而招攜棲息於其間，顧彼以後進而日隆，吾以先驅而反挫，可慨也夫！

第三編　近世商業及現代商業

第一章　清之商業

第一節　清入關前之商業

清之肇興東土，以提倡商業爲其基礎，未入關以前，太祖即開撫順、清河、寬甸、靉陽四關口，與明互市，所濟甚衆。太宗天聰元年，關東大饑，斗米銀八兩，人有相食者，國内銀雖多，無處貿易，是以銀賤而諸物騰貴，良馬一直銀三百兩，牛一銀百兩，蟒緞一銀百五十兩，布一銀九兩。明年，與朝鮮約布糴，一年後與朝鮮互市，設監市官，迨朝鮮降服，交市益盛，特定漏稅私商之條，以裕國計，是太祖亦以注重商業爲改革矣。

第二節　卹商之政令

聖祖繼世祖之後，與民休息，凡百粃政，次第革除，商業受益匪淺，如各關抽分溢額者，向例加與紀錄。康熙四年，特令悉照定額抽分，免溢額議敘之例。又嚴禁各關違例收稅，或故意遲延措勒，并禁地方官吏濫收私派科道督府失察者，并須坐罪。五年，命於徵收關稅處，繕具稅則，刊刻木板，以杜吏役濫收。二十三年，飭禁各處榷關稽留苛勒。二十四年命光祿寺置買各物，俱照實價估計，定爲條款，又諭江、浙、閩、粵海關，免沿海捕採魚蝦及民間日用貨物之稅，洋船海船，但收貨物正稅，蠲免雜費。四十三年，諭禁直省私設牙行，并飭戶部造鐵斛升斗頒行，以杜欺詐，此聖祖恤商之政也。雍正元年，詔部臣核減各關贏餘，并裁淮安、鳳陽等九關所增贏餘之款。二年贛撫裴度請釐定湖口贏餘，奏請解部，世宗以爲數過多，必至額外剝削商民，乃諭令徵收關稅，不可定求足數，又令各關將應稅貨物徵收則例，逐項刊刷詳單，徧示津口，從前豎立木板不許藏匿遮蓋，此世宗恤商之政也。乾隆元年，嚴牙行侵吞商客資本之禁，并以各省關稅，每多無名之徵，并令釐剔裁減。六年諭各省督撫，凡關榷口岸報部有案者，照舊設立，私行增添者，著詳查題報，嗣後不准違例苛索，督撫失察，照例辦罪。又以當時各關正額儘收儘解，復恐司榷者慮干部駁，逐歲增加，乃諭部臣每年所報盈餘之數，稍有不及，不可批駁。七年，免直省豆米麥稅，此高宗恤商之政也。

第三節　重農輕商之政策

清代盛時，雖時頒卹商之政令，然仍採重本抑末之政策，奬勵稼穡，政令皇皇，昭告國人。康熙二十九年上諭曰：『阜民之道，端在重本。』三十九年七月，諭戶部『國家要務，莫如貴粟重農。』雍正二年，諭各省督撫曰：『四民以士爲首，農次之，工商其下也。農民勤勞作苦，以供租賦，養妻子，其敦龐淳樸之行，豈惟工商不逮，亦非不肖士人所能及。』又令州縣歲舉勤勞儉樸之老農一人，給以八品頂帶，以示鼓勵。七年諭戶部農事爲國家首務。乾隆二年五月，諭農桑爲政治之本，又曰：『朕欲天下之民，使皆盡力南畝，歷觀三朝，如出一轍。』故清代重農抑商，雖不若古代之甚，而欲人民捨商業農，昭然若揭，全國人士，復以爲四民莫貴於士，而以商居四民之末，朝野上下，均不知以重商爲務，故雖聖祖革除病商之政，與民休息，而高宗之時，版圖日廣，生齒日繁，物價低廉，民力饒裕，而商業仍未能振興也。

第四節　國內商業之狀況

洪承疇言於世祖：『南夷之通商，不異西戎之馬市，夷人貪而無親，求而不厭，假令姑允通商海口，則數十年後又議通商中夏矣，假令姑允通商中夏，則數十年後又議通商朝市矣。』其於外人積極進行之主義，昭然若揭，世祖韙之，故自順治以逮道光之初，嚴守夷商入腹地之禁，遂爲吾國閉關保守時代。此時代中國內之商業，可分之爲三大期：一、商業發育期，（康熙時代）聖祖承世祖之後，與民休息，革種種困苦商民之弊；二、商業繁盛期，（乾隆時代）版圖生齒，倍於雍正，承平日久，民力饒裕，工值廉，物價平，富商大賈，滿於海內；三、商業衰退期，（嘉道時代）內亂漸作，湖北、四川教匪起，蔓延湖南、陝甘。十九世紀外人之膨脹力，疾趨而東。

至於市場，除京師百貨所集，當推四大鎮。

一、河南朱仙鎮（屬今開封縣）此鎮扼水陸交通要衝，南船北馬，分途於此。

二、江西景德鎮（屬今浮梁縣）此鎮素以瓷器名，所出瓷器，運銷全國，商業亦有可觀。

三、湖北漢口鎮（屬今夏口縣）此鎮乃長江上下游總匯，未通商以前，商業已盛。

四、廣東佛山鎮（屬今南海縣）此鎮距廣東省治不遠，貼近珠江，位置濱海，爲南亞之門戶，得風氣之先，該地貿易，夙稱興盛。

浙江之杭州、江蘇之蘇州爲東南精華所萃，市肆林立，商業繁盛，此外各省之省會，均爲各省政治之中心，亦必爲商業之中心。

當代商家以豪富鳴者，有山西之票商，與揚州之鹽商。揚州爲兩淮鹽商會集之所，有場商，運商，鹽商其統稱也。場商有竈戶，收買出產之鹽，堆集於十二圩，以待運商運往引地。十二圩爲鹽船停泊之所，卽淮商總棧所在地也。揚州之鹽商，資財各以鉅萬計，處南北河運之中衢，士流之歸往者，方諸戰國之四君，至今猶爲社會所稱道。至山西之票商當另節述之。

第五節　清代廟市

清代廟市在數量上大爲增加，就北京一地而言，比明代爲多，大別可分爲二：(一)每月開數次者，枝巢子、舊京瑣記市肆條謂：『市師之市肆，有常集者，東大市西大市是也；有期集者，逢三之土地廟，四五之白塔寺，七八之護國寺，九十之隆福寺，謂之四大廟市，皆以期集。』又宸垣識略謂：『崇國寺……每月逢七八兩日有廟市』『火神……每月逢四日』『大慈悲寺……每月逢五六日有廟市』(二)每年開一次者，燕京歲時記都城隍廟條謂：『都城隍……每歲五月初一日起廟市十日』宸垣識略謂：『都竈廟……每年八月初一、初二、初三廟市，』又『太平宮……每歲三月初一、初二、初三日廟市。』許多廟市之興起，直接影響城隍廟之衰落。燕京歲時記都城隍廟條謂：『都城隍廟……每歲五月初一日起，廟市十日，市皆兒童玩好，無甚眞奇，遊者鮮矣。明代繁盛一時之廟市，至是亦不過一兒童玩具攤而已。

清代廟市，在城市中因應社會之需要，常年開放者，如蘇州玄妙觀，上海城隍廟，南京夫子廟等。

每年開放一次者，如上海靜安寺之浴佛節廟市是。但各處鄉村間，尚有許多原始型之廟市，如淮陽之太昊廟會，徐海十二縣七十二個廟會，及其他各省鄉村間廟會等是。此等廟市，入民國後，仍多存在。

第六節　中英互市之交涉

康熙初年，英人常往來貿易於澳門、廈門及臺灣，因有各種防礙，皆未能滿意。康熙二十四年，海禁大開之後，英人由東印度公司之力，獲得在廣東設一商館之權利。二十八年，始得正式遣派商船來粵，其船又常至寧波。二十七年，寧波關監督以定海港澳闊深，水勢平緩，堪容番船，亦通各省貿易，請設關署。然英人之來寧波試行通商也，資本過重，獲利頗微，其結果歸於失敗。乾隆二十年，英商洪任輝又來寧波請開港，不許，乃自海道入津，仍乞通市寧波，并控告粵海關之陋弊，遂受圈禁澳門。乾隆五十年間，英船廠手因傷斃華人之案，被華官絞死，以及公行拖欠洋商債務甚重，英國政府，因欲鞏固遠東商務之地位，一七九二年五月三日遣派馬戛爾尼卿來使，於波士牧出發，東印度公司對於馬氏之行，不免有所疑懼，恐政府主張如過急進，觸怒中國政府，或至停止貿易。馬氏至華後，甚保持王者大使之威嚴，惟終亦未能如今日外交界之人員完全脫去貿易行爲之氣味，其日記有云：「苟於抵舟山後裝載商貨若干回英發賣，亦未始非吾英商務推廣於中國舟山之先聲也。」至華人當時眼光，則純以貢使視之，貢使當時之義，謂來朝而兼來市者，故其船停泊之時，曾有華官多人問其有無鐘表及刀劍，可以出賣，事實上英人罕來中國，貢使從人，亦不免爲交易之事，如其甲必丹、麥金吐司亦攜時表數事，擬於歸途出廣東時發賣者，後爲馬氏轉購，爲進呈及分送之用，即馬氏致和相說帖亦請允許甲必丹在舟山購買茶葉及他種土貨，並船上員役等人，帶來貨物與舟山華民買賣。至馬氏來使之目的，蓋設立使館一節，爲最急之要求，當時以爲先求設使，其他商務條款，可以隨後討論，朝廷卻之，然辭極婉轉。馬氏以後，又開列六款：

第一款　請中國允許英國商船在舟山、寧波、天津等處，經營商業。

第二款　許在北京設行。

第三款　舟山附近劃一小島，歸英人使用。

第四款 廣州附近亦得同等之權利。

第五款 從澳門至廣州之商貨，賜予免稅。

第六款 中國所定稅率之外，不行另外徵收。

乾隆對於以上要求，逐條駁答，辭氣極厲，然馬氏此行，朝廷相待之禮至優，自北京前往舟山所用各項大小船隻，凡四十艘，執事之人，自大員至苦力船戶，爲數約一千，此項費用，皇帝規定，每日以五千兩爲限，倘或不敷，由沿途地方供給。其居北京時每日費用至一千五百兩，隨從人員賞賜甚優。至英國方面費用，亦達八百萬磅云。

第七節 中俄互市之交涉

中、俄在政治上互市，雖始自清朝，而兩國交通，則始自明朝。明穆宗隆慶元年，俄國派遣大使彼德羅夫與亞力息夫來中國，要求互市，我國不許，後順治十二年、十三年、十七年，及康熙九年所派使臣，皆爲商人兼之，或以商人隨行者。及俄人銳意經營雅克薩城，謀盤踞黑龍江一帶之地，康熙二十一年，遣將率師征之，毀雅克薩城而歸，事後俄人乞和，當於二十八年成立尼布楚條約。尼布楚條約第五條，謂：『嗣後往來行旅，如有路票（護照）聽其交易，』是爲准俄人互市之始，亦卽中國與外國訂約之始。自立此約以後，惟俄國以貿易之需路票，終覺不便，康熙三十二年，俄大彼得皇帝又派伊德司來華，要求自由貿易，清廷初以國書體裁不合，與貢物一併退還，後以伊德司改國書爲奏章，康熙遂照常頒賜，許其通商，規定俄國商隊三年得至北京一次，每隊以二百人爲限，得在俄羅斯館留住八十日，貿易免稅。但俄國仍覺不滿，乃於康熙五十八年，又派義斯麻伊兒來中國，請改商約，清廷不置答，俄使因不得要領而退。雍正五年，俄女皇加德麟第一，遣使臣薩華來京，申請通商，詔令以郡王策陵，內大臣色格等與俄使在恰克圖訂立條約，（此約在吾國生命最久，至咸豐八年，始失效）約中第二條：『以恰克圖爲通商之地，』第四條：『俄國商人得三年一至北京貿易，但人數以二百名爲限，留京不得過八十日，往來當有官定之路徑，不得迂道他往，違者沒收貨物。』其後市場時開時閉，至乾隆五十七年，在恰克圖、買賣城互換新約，約中有三條，涉及商務，在其時恰克圖遂爲中、俄貿易之重要商場。惟此期之貿易品，均嚴禁銀貨及金錢之交換，僅以物物相交易，中國商人挾絲茶棉布等以去，而換取俄人之羽紗皮貨等物以歸。

第八節　國際貿易

第一款　公行制度

公行制度，成立於康熙五十九年，爲粤商所組織，專爲中外商人之經營進出口貿易者之介紹人，并爲劃定市價後得政府承認，取得對外貿易之專利權，所謂十三行者是，公行制度至此遂得發展至完成程度。其時因清廷允准國外貿易之經營，祇能限於廣州一地，所以公行亦僅廣州有之。公行之職務，可分爲三：一、凡外商在廣州貿易，必得行商之擔保，買賣貨物皆須向行商接洽，不得自行直接交易，其市價由行商規定；二、外國貿易之進出口税，由行商支付，而行商則自外國貿易徵從價税百分之三，作爲代付進出口税之取償及公行之公款，至行商所負外商之債務，亦由公行擔保；三、爲政府與外商之中間人，凡政府命令及外商呈文，均須經由其手；上呈下遞，因而外商之是否遵守通商規定，政府亦責成行商擔任。外人經商廣州，在公行制度之下，行動不能自由。

第二款　商館制度

廣州外人，於城外西南河岸，向公行租得房屋若干，佔地二十一英畝，開設商館，在中國政府監督之下，經營貿易，外人所設之此項商館，因由於向十三洋行租得，所以商館之數目，亦爲十三。但每家商館中所容納之外商，則其數目不等，而此十三商館中之外商總數，則共有五十六家，就中有三十一家屬於英國，九家屬於美國。葡萄牙、瑞典、荷蘭、德國各有一家，此外尚有回教徒所設者，計十一家。十三商館之外國原名，如下：

(1) Greek Factory　(2) Dutch or Kai-yi Factory
(3) English, or Paouh Factory　(4) Chow-chow or Fung-tai Factory
(5) Old English or Lung Shun Factory　(6) Swedish or Sni-hang Factory
(7) Imperial or Ma-ying Factory　(8) Poon-Shun Factory
(9) American or Kwang Yuen Factory　(10) Ming-que Factory
(11) French Factory　(12) Shanish Factory

(13)Danish Factory.

中國對商館訂有規例，在館外商，必須遵守，即一、外國兵艦不許進口；二、館中不得留有女婦槍礮；三、領港人及買辦等須向澳門華官登記，外國商船除在買辦監視之下以外，不得與其他商民交易；四、外人與我國官吏交涉，必須經由公行，不得直接行動；五、外人買賣須經行商之手，即居住商館者，亦不得隨意出入；六、外國商船得直接航行黃埔停船處，以河外爲限，不得逾越；七、行商不准負欠外人債務；八、通商期過，外人不得留住廣州，通商期內，貨物購齊，即須裝運，不得逗留。

第三款　關稅制度

清聖祖康熙二十三年，於江、浙、閩、粵四省分設海關，其設於廣州者名曰粵海關，任命粵海關監督，掌管中外貿易事宜，而外人則稱之爲 Hoppo（戶部之音譯）因當時徵榷事宜，統由戶部掌理，海關監督爲戶部所委，所以含有代表戶部之意思。自粵海關成立，納稅手續，大致如下：外國商船進口，先寄泊澳門，入港時雇領港人一，翻譯一，買辦一，再到虎門候關吏量船照章丈抽，此時即繳納船鈔，然後到黃埔卸貨。當時西洋船依大小分爲三等：一等船課船鈔七兩七錢七分七釐，二等船七兩一錢四分二釐，三等船五兩，此外尙有附加稅，雜課，及手續費等。至於商船之不進黃埔，而卽在澳門卸貨者，則所付船鈔，祇等於在黃埔所納之半數，但每船須付行商銀二、五二〇兩，作爲在其所統轄之範圍以外自由通商之特別費用。船鈔以外，尙有進出口稅，大率進口稅常爲百分之十六，而出口稅則常爲百分之四，但此項稅率，所納之稅，並非由外商直接繳納，乃由行商代付，而此時外商所交付與行商者，大率爲從價百分之三十之數，交付以後，外商卽不過問，其實際稅額，繳納幾何，則由行商與海關監督約定，局外人無從探悉，中飽之數，往往超過正稅額數倍之多。

第四款　進出口貿易狀況

當時進口貨以鴉片、棉絲、布類、象牙、羊毛織品等爲大宗，至於出口貨，則以絲、茶、綢緞、土布、砂糖、木棉等爲大宗。在進出口貿易之中，出口貨以茶爲最要，然因乾隆二十四年禁止私運出洋以後，出口之數銳減，至於進口貨，則以鴉片爲主要，在淸高宗乾隆三十九年以前，中國鴉片貿易，完全爲葡萄牙所獨佔，乾隆三十九年以後，英人始自印度首都加爾各答運鴉片至中國貿易，此後鴉片貿易，旣入英人掌握，營業日盛。至乾隆五十五年，印度鴉片運入中國者，歲額達四千零五十四箱。嘉慶九年，兩廣總督請頒煙禁，於是中國政府重申雍正八年之禁令，并訂有極嚴重之處罰條例，其後頒最後禁令，不准入口，并嚴禁種植，於是廣州吸食鴉片之風稍衰，但實際上外人私運者甚多。清初歐洲入貢之國，如荷蘭與葡萄牙貢品甚多，最重要者，爲荷蘭之珊瑚鏡、哆囉羢、織金毯、嗶機緞，自鳴鐘、丁香、檀香、冰片、琥珀、鳥槍、羽緞、琉璃燈、琉璃杯、荳蔻、葡萄酒、象牙、葡萄牙之珊瑚、珠寶石、瑪瑙盒、雲母盒、玳瑁盒、金絲緞、金銀絲緞、金花緞、洋緞、羽毛緞、哆囉呢、洋刀、手槍、自來火、葡萄酒、衣香等。歐人在華商業勢力，自英人繼葡萄牙、西班牙、荷蘭三國崛起以後，中國對外貿易，全爲英人所獨佔。但自乾隆五十三年以後，形勢變遷，歐人在華之商業勢力除英人以外，如瑞典、丹麥、法國亦漸趨興隆，而西班牙與荷蘭亦復乘時興起，美國亦佔相當之地位焉。

第九節　鴉片貿易之戰爭

鴉片自明季流入中國，康熙初，以藥材入口，無吸食之者。至乾隆年間，閩、粤吸食漸多，嘉慶之時，雖有禁止，而奉行不力，輸入日增。道光十六年，總額達二萬七千餘箱，國計民生蒙禍甚烈，於是有提議嚴塞漏卮者，鄂督林則徐言尤切，略謂：『煙不禁絕，國日貧，民日弱，數十年後，匪惟無可籌之餉，抑且無可練之兵』。宣宗韙之，遣赴廣東實行杜絕鴉片貿易策，親閱英領事義律之館門，勒令呈繳鴉片二萬餘箱，義律唯唯聽命，遂於海灘高處，悉數銷燬，各國士商之從壁上觀者，皆深服則徐之辦事精細，或作文以頌之焉。則徐並訂立新例，凡商艦入口者，均須具結，夾帶鴉片，船貨沒官，人即正法，葡萄牙、美利堅諸國，皆具結，願互市如舊，獨英人不允，英海陸軍遂進窺廣東，以則徐有備，改攻定海，陷之。會有以蜚語中傷則徐者，則徐褫職，以琦善代之。琦善一反則徐所爲，撤守備，英軍遂陷廈門各礮臺，要挾益甚，以未如所願，進陷江海各要害，直薄江甯，清廷大懼，乃遣全權大臣耆英等與英使璞鼎查定南京條約，事在道光二十二年，除賠款及割讓香港外，並開廣州、廈門、福州、寧波、上海爲商埠，是爲清代由閉關保守時代，入於開港通商時代發軔期。

第十節　商約之締結

鴉片一役，爲列國通商開道之前鋒，江甯條約締結而後，歐、美各國，相繼效尤，每因一事之微，各國輒藉端要挾，迫令締約。茲將歷朝所訂商約，分述如左：

（一）宣宗時代　道光二十四年七月，中、美間訂望廈條約，同年十月，中、法間，有黃浦條約，越三年，與瑞典、挪威訂立條約。

（二）文宗時代　咸豐元年，奕山與俄締約於伊犂，開伊犂、塔爾巴哈臺二處爲商埠，八年，因英、法聯軍攻粵，虜粵督葉名琛，並進攻天津，與英、法締結天津條約。英約增牛莊、登州、臺灣、潮州、瓊州、及鎮江、九江、漢口通商，並另定稅則，減輕課稅，又有通商各款每十年酌量更改之規定；法約大致相同，惟所開口岸，較英約去一牛莊，增淡水、江甯二處及領事，關稅，船鈔等事。此外復與俄、美二國，訂定商約：俄約除尼布楚條約規定邊界陸路通商外，復准俄商由海路至上海、寧波、福州、廈門、廣州、臺灣、瓊州七處貿易，並派遣領事等事；美約及通商章程，除道光時所締條約已開福州、廈門、寧波、廣州、上海爲商港外，加臺灣、潮州二處。其他優待條件及利益均沾等規定。後與英、法二次開釁，英、法聯軍，攻陷北京，咸豐十年，又締北京條約，增開天津爲通商口岸，並減輕天津條約所定船鈔每噸銀五錢爲四錢。又因俄使居中斡旋，亦與之締約於北京，俄商得由恰克圖經庫倫、張家口至京，准其零星貿易，并據伊犂、巴哈臺試行貿易例，開喀什噶爾爲商埠。又與德國締結天津條約，開廣州、潮州、廈門、福州、寧波、上海、芝罘、天津、牛莊、鎭江、九江、漢口、瓊州、臺灣、淡水等處，進出口貨，皆按協定稅則納稅，不得加增別項規費。

（三）穆宗時代　同治二年，丹麥、荷蘭兩國，來訂和約，暨通商章程；并與荷國約定，不准在內地開設棧房。三年與西班牙訂約；四年與比利時訂和約暨通商章程；五年與意大利訂和約暨通商章程；八年與俄改訂陸路通商章程，兩國邊界百里內貿易免稅，并准俄商在蒙古各地貿易，均不納稅，又定俄商陸路運貨至天津沿途各關，任憑查驗，不准繞越關卡，沿途私賣，及包庇華商運貨等事，俄貨至津，照各國進口正稅稅則三分之一納稅。同治十年，日本來訂和約，暨通商章程。同治十三年，祕魯來訂商約，因遣使往駐祕魯，保護華僑，並遣使駐外洋各國。

（四）德宗時代　光緒二年，雲南邊番戕害英人馬嘉理，英有違言，於是與英訂煙臺條約，添開宜昌、蕪湖、溫州、北海各口，并准於沿江之大通、安慶、湖口、武穴、陸溪口、沙市停泊輪船，是爲准許外人內地行船之始。同年巴西來訂商約，又以收回伊犂與俄人訂增開嘉峪關陸路通商之約。十一年以中法越南之戰，與法訂增開龍州、蒙自二口新約於天津。十二年，英人來訂緬甸約，法人來訂安南邊境通商約；十三年與荷蘭人訂約於北京；十六年與英訂重慶商約，准以華船運貨通商。二十年與英訂滇緬邊界商約於倫敦，二十一年，以中、日之戰，與日訂馬關條約，除割地賠款外許日商在沙市、重慶、蘇州、杭州貿易，并准在中國內地改造土貨。二十二年與日訂通商行船條約，并自開吳淞商埠，二十三年與日訂蘇州租界章程，以膠州島租給德人為商埠，又與英訂增開西江口岸商約於北京，以廣西梧州府、廣東三水縣城江根墟為商埠，江門、甘竹灘、肇慶府及德慶州城外為停泊所。二十四年，以旅順、大連灣租與俄國，威海衛、九龍租與英國，廣州灣租與法國。二十五年，自開岳州、三都澳為商埠。二十七年，義和團亂作，八國聯軍入京，翌年，與德、奧等十一國訂辛丑和約，第十八條載明改定通商行船各條約，又自開秦皇島為商埠。二十八年與英訂增開江門之約，二十九年與美訂通商行船條約。日、俄之戰告終，中、日新訂東三省條約，俟日、俄兩軍撤退後，開奉天之鳳凰城、遼陽、新民屯、鐵嶺、通江子、法庫門、吉林之省會長春、哈爾濱、寧古塔、琿三姓，黑龍江之齊齊哈爾、海拉爾、愛琿、滿州里為商埠。三十年，自開長沙為商埠，三十一年，自開濟南、常德、湘潭、海州、通州為商埠；三十二年，與英訂藏印條約，開江孜、噶大克及亞東爲商埠，並開南寧爲商埠；三十四年，與英訂藏、印通商章程，與瑞典訂通商條約。

（五）宣統時代　宣統元年，與日本締圖們江中、韓界務條款，開龍井村、局子街、頭道溝、百草溝爲商埠。三年與英訂禁煙條件，是年爲一九一一年，英政府允至一九一七年將印度運入中國之煙全行停止，是爲鴉片戰爭後最大之結果，同年，復與荷蘭定在荷蘭領地殖民地領事條約。

第十一節　釐金之病商

洪、楊之亂，東南騷然，田賦歲收既減，鹽課亦復拖欠，至於其他雜稅，亦均短收，及太平軍渡江，據揚州，勢張甚，時清左副都御史雷以誠統兵駐揚城東路，在裏下河設局勸捐，藉資軍用。先是江都屬境仙女廟，商賈輻輳，各業會館，舊有醵資章程，名曰釐金。浙江、吳興已革監生錢江因往獻議，請仿其法，抽捐濟餉，頗著成效，自是蘇、贛、兩湖、兩浙先後相繼推行，專供東征軍用，此種額外之徵，因非事理之常，本意事平卽行停免，及東南底定，又因善後一切，百廢待理，以及回捻之亂，中原隴右關外，軍費浩繁，至是釐金不獨未能裁撤，且推行及於全國。釐金之害，僅及本國商人，而外商則不受之，卽使受害，亦比較甚輕，因外商在中國關稅制上，所受種種之優待，本國商人不能同樣享受。釐金稅率，各省不同，大概在起運地釐局，徵收百分之三，以後經過查驗釐局，則每局又須各徵百分之二，卽使行程甚短，其所納釐金，亦必多於外商所納之子口稅，如其行程距離甚長，經過省分甚多，則所納釐金爲量之多，有時或恐超過貨物本身價值以上。觀此，子口稅係優待外商，而釐金則專害華商，數十年來商旅重困，百業凋零，釐金實爲最大原因，淸末裁撤釐金之聲浪日甚一日，不獨本國人士倡之，卽外商之未曾直接身受其害亦斥爲惡稅，馬凱條約之中，所以明訂中國廢除釐金，而以增加英商貿易進口稅以易之也。

第十二節　交通事業之進步

第一款　鐵路

鐵路建築之始倡自外人，同治四年，英國商人杜蘭德在北京宣武門平地上，造小鐵路里許，試駛火車，步軍統領，以觀者駭怪，立命毀之。至實行築成營業鐵路，則權輿於同治五年英商協和洋行創造之淞滬鐵路，開行以來，因曾發生火車轢殺行人之事，爲人民所反對，遂由官方向英使嚴重交涉，以銀二十八萬五千兩買回，完全損毀。光緒五年，成立唐胥鐵路，（由唐山煤井至胥各莊凡十八里）光緒八年展修至蘆臺，是爲今日京奉鐵路之基礎。光緒二十年，自天津至昌黎之津渝鐵路告成。自光緒二十二年後，列強向中國競爭鐵路之建築權，玆將路線里程列表如下：

路線	里程	合計	國別
龍州鐵道	一二二里	計一二四二里	法國
滇越鐵道	九四〇里		
安赤鐵道	一八〇里		
東清幹路	二八一六里	計四六三六里	俄國
東清支路	二八二〇里		
膠濟鐵路	八七八里	計一五七八里	德國
膠沂鐵路	七〇〇里		

安奉鐵道｝五七〇里
新奉鐵道｝一二〇里　計六九〇里——日本

滇緬鐵道——三六〇里——英國

右表各路，龍州因事中輟，安赤、滇緬均未興工，膠沂後改高徐，由日本承繼，後經我國收回主權，未有修築。新奉於光緒三十三年四月，已由中國贖回，併爲京奉一段。其滇越、東清、膠濟、安奉四路，法、俄、德、日各據其一，日、俄戰爭前，即經造成共長七千零二十四里，日、俄戰爭結果，俄將東清支路長春以南之一千四百餘里，割與日本，改稱爲南滿鐵道，並安奉而統轄之。光緒二十二年冬，清廷特設鐵路總公司，任盛宣懷爲督辦大臣，倡議大借洋款，其訂立正式合同者，有蘆漢（比合股公司）關內外（英中英公司）粵漢（美合興公司）正太（俄華俄銀行）汴洛（比合股公司）共計九千三百二十六里。訂立草合同者，有蘇杭甬（英中英公司）浦信（英中英公司）廣九（英中英公司）津鎮（英、德合借）共計三千八百六十九里。當日、俄戰後，中國官商士庶，感於鐵道對於國防上有重大關係，於是提倡籌款自辦。官商合辦之路，發軔於光緒十三年之閻津（今京奉、天津至閻莊間之一段）其後併於關內外而借英款。官督商辦之路，始於粵、漢、湘段，西潼鐵路繼之。官辦之路，在日、俄戰前，已見之於關東、淞滬、蘆保、萍潭、西陵、京張六縣。商辦鐵路之名，始見於光緒五年之唐閻（今京奉、唐山至閻莊間之一段）其始終能保存商辦名義者，僅潮汕、小清河、南潯、新甯、房山、粵漢、粵段，齊昂、周長、繹縣、賈汪十線，而潮汕資金有三分之一，南潯資金有十分之九，屬諸日本借款，齊昂全係公款。

第二款　郵政

我國之議設郵政，發端於光緒時總稅務司英人赫德。清光緒四年，於北京、天津、煙臺、牛莊、上海各處，仿用西法，開辦郵政局，委任總稅務司英人赫德主其事。二十二年，始設全國郵政局，隸總理衙門。二十四年，採用郵寄包裹制度；二十五年設郵務總署於北京，並設總局於各省會及各通商大埠，旋設分局於各縣及各大市鎮；同時採用郵政匯兌制度。二十八年，採用快信制度。三十二年郵傳部成立，全國郵政，旋即統行改歸部管。宣統二年，採用保險信制度。宣統三年，各省總分局六百餘處，代辦局四千二百餘所，並與外洋數國，訂立往來互寄合同。自郵政劃歸郵傳部直轄以來，郵政局雖為政府之機關，不再假手於客卿總稅務司，但仍未曾爲政府之專業，因在中國郵政開辦以前，英、俄、法、德諸國，已於中國開設郵局，尤以英國之大英書信館爲最著名，及中國郵政開辦以後，外國郵政機關，仍然存在，但改書信館之名稱爲郵政局而已。光緒二十六年，義和團亂作，八國聯軍攻陷北京，日本始設軍事郵便局多處，旋改稱爲日本郵便局。統計清末各國在華所設郵局，日本最多，共一百六十餘所，法、德、俄三國各十四所，英國十一所，美國最少，僅有一所。

第三款　電政

電政分電報，海底電線，無線電話數種，茲述其沿革。

(甲)電報　中國之有電業，實始於清末光緒五年，李鴻章招丹麥人試辦天津、大沽間電報。六年，奏辦津滬陸線，令丹麥大北公司承辦。七年，設電報局於天津、大沽、濟寧、淸江、鎮江、蘇州、上海七處。上海招商股八十萬元，八年，改爲官督商辦。以後南北各省陸續添設電政大臣，管理其事。至宣統二年，各省官線七百餘里，局所三百五十七處，概收歸部辦。宣統末年，總計全國電報局所共六百餘處，電線十二萬餘里。

(乙)海底電線　海底電線亦始於清末。光緒十年丹麥大北公司代設徐口線自廣東徐關起至瓊州之海口止，光緒二十六年，大北公司所設滬、煙、沽正線，自上海起經煙臺至大沽止，經政府收買，又借款設煙、沽副線，由煙臺至大沽。尙有與日本合辦由煙臺至大連之海線。

(丙)無線電報　無線電報創於光緒三十一年，袁世凱督直時所辦，設於海圻、海容、海籌、海琛四艦，並於南苑、天津、保定行營，設機通報。三十四年，蘇人設蘇、崇無線電局。宣統元年，政府收買上海英商滙中旅館之無線電臺，附設於上海電報局內。

(丁)電話　光緒七年，英商設電話於上海租界，各埠外商，相繼裝設。清政府所經營者，以天津爲最早，然爲義和團所毀。電政大臣盛宣懷奏准於電報局內附設電話，爲官辦電話之始。二十六年，丹麥人裝設天津、北塘、塘沽等處電話。二十七年，設於北京。二十九年，設於廣州。其後京、津電話，先後爲政府收買。三十二年，上海電報局亦設電話。是歲郵傳部成立，電報事業，歸其管理，以後或收買原有之電話，或從新安設。宣統二年，郵傳部訂各省電話暫行章程，規定部辦省辦商辦權限：如京、津、滬、晉、粵等處，爲部辦，贛、皖、湘、寧、蘇、黔、豫、魯及長春、安東、齊齊哈爾、吉林等處，爲省辦，福州、武昌、漢口等處爲商辦。

第四款　航業

我國自營之航業，自招商局始，該局爲同治十一年李鴻章奏辦，其辦法爲借領官本，盈虧歸商，與官無涉，輪船三十餘隻，航線分沿海沿江二種：沿海者行駛上海、寧波、温州、廈門、福州、汕頭、廣東、香港、澳門、天津等處，沿江者，行駛上海、鎮江、南京、安慶、蕪湖、九江、漢口、宜昌各處。其次爲開平礦務局航線爲沿海，行駛於上海、天津、秦皇島、營口各處，以運貨爲主。又其次爲寧紹公司，航線自上海至寧波，自上海至漢口各處，營業頗盛。北方戊通公司之航線，在東三省松花江一帶，航路因近寒帶，結冰甚早，每年航行，爲日不多，且因日船競爭，頗難發展。外人經營者，如英之太古公司怡和公司，日本之日清公司，船隻均多。我國受不平等條約之束縛，沿海內河，門戶洞開，外商輪船，充斥國內，本國航業，衰落不振，喧賓奪主，良可慨也！

第十三節　幣制之紊亂

第一款　制錢

淸順治元年，置戶部寶泉局，工部寶源局，鑄順治通寶錢。八年，增定制錢，每文重一錢二分五釐。十四年，停各省鼓鑄，專歸京局，更定制錢每文重一錢四分。康熙元年，頒行康熙通寶錢，輕重如舊制，發各省局依式鑄造，與順治通寶錢相兼行。時以鑄局旣多，錢價過賤，戶部議准停止各省鼓鑄，唯聽寶泉、寶源兩局制錢流通行使，江寧爲駐防重地，其局仍令暫留。六年，復開各省鎮鼓鑄，增置湖南、江蘇、甘肅省局。十二年，定私銷制錢禁例。雍正元年，鑄雍正通寶，頒行天下，令寶泉局歲鑄新錢，與順治、康熙大小制錢相兼行，繼開雲南省城及臨安府、大理府、霑益州鼓鑄局。又以錢重銅多，易滋銷毁，著照順治二年例每文重一錢二分，通行各省，其現行一錢四分之錢，聽一體行使。嗣後寶源局每卯用銅鉛十萬二千八百五十七斤有奇，鑄錢一萬二千四百九十八串。乾隆元年，鑄乾隆通寶錢，頒行天下。三年，停山東局及雲南、廣西府局。七年，令寶泉、寶源二局，每年各開鑄錢幣。嘉慶、道光之世，亦各有鼓鑄，然錢法之整肅，則遠不若前代矣。咸豐三年，以兵餉告急，財用匱乏，命鼓鑄大錢，分當十、當五十、當百、當五百、當千五種，當千者重二兩，是時錢法，侍郎王茂蔭痛論其非：「謂歷代行使大錢，未有三年而不改變廢罷者；未有不稱盜鑄雲起物價騰貴者，」後果不行，乃令戶工兩局，祇鑄當百與當五十各二成，其餘六成鑄當十當五及一文制錢，而以寶鈔收回當五百當千之大錢。是年又諭，准鑄鐵錢，終以其質重流通困難，更勝於大錢。五年，改定制錢重量，每錢重八分。八年，令收回大錢，改鑄制錢。同治時，仍沿八分舊制，採用洋銅，以資鼓鑄。光緒二十五年，仍鑄當十大錢，尋又令寶泉局仍開鑄一文制錢。三十一年，停鑄當十大錢，並令改鑄制錢。是年又以制錢銷毀日多，應改定錢制每文重六分，以銅五成五，鉛四成五配合鑄造。三十四年，再改鑄一文新錢，每文重量減至三分二釐，其質係以紫銅六成，白鉛四成相合而成，是爲鑄造一文無孔錢之始期，而舊式銅錢，至此遂不復鼓鑄矣。

第二款　銅元

清洪、楊之亂，各省官錢局皆停鑄制錢，而軍餉增加，財源困乏，加以海外生銅輸入阻礙，銅價日昂，制錢鑄造，既歸停頓，而民間鎔解者，又日益增多，市面流通，日趨減少，遂發生錢荒。光緒二十三年有江西道監察御史陳其璋始奏請鼓鑄大小銅元三種：上品重四錢，中品二錢，下品一錢，以補制錢不足，但未能實現。直至光緒二十六年，兩廣總督李鴻章在粵設局鑄造銅元。二十七年，以粵省試鑄銅圓，成績頗佳，乃諭令沿江沿海各省仿造，於是銅元遂流通全國。光緒三十一年時，所訂整理圜法章程內，原規定銅圓有當二十、當十、當五、當二四種，由戶部頒發祖模，正面加鑄省名。當銅圓初開鑄時，規定百枚換銀幣一元，但以初次進行，信用甚著，實際上銀圓一元，僅換得銅圓八十枚左右，鑄造利益頗大，各省遂競相鑄造，價格又落。上海價格，至光緒三十一年十二月，每銀圓可換銅圓百零七枚，三十二年，跌至一百十枚，至三十四年時，跌至百二十枚。

第三款　銀角

清代銀角之鑄造，在光緒十六年。最先開鑄者爲廣東，其次湖北，繼乃推及他省。當時清廷對於銀角之無切實辦法，其情形正與銅元等。光緒三十三年，雖有一度之奏定大銀元一元折合小銀幣十角，小銀幣一角，折合十文之銅幣十枚，均以十進，然未見諸實行，故銀元與銀角之兌價，終依供求之相劑而定焉。且其成色分量亦無一定之標準可憑，各省所鑄，頗有出入。宣統二年，度支部奏定幣制則例，對於銀角，亦擬有處置辦法，嗣因國體改變，所有計劃，皆成畫餅矣。

第四款　銀圓

清代末年，通用外國貨幣，損失利權甚大。光緒時，兩廣總督張之洞有見於此，乃設廠於廣東，鑄造銀幣，而奉天、吉林、直隸、江西、安徽、湖北、福建諸省，遂繼起各設銀元局，鑄造一元，半元，二角，一角五種貨幣。其後清廷乃收歸各省鑄造權於戶部，設東南西北中五廠：東廠在廣東，西廠在江寧，南廠在福州，北廠在武昌，中廠在開封，此外各省局悉廢。清代通商口岸，多用外國銀元，種類甚雜，皆自外國流入，如西班牙棍洋行用於寧波、杭州、蕪湖，墨西哥鷹洋行用於上海，香港杖人洋，新加坡、大英通商銀圓，行用於產棉區域，大概因各國改革幣制爲金本位，一切舊式銀元，不適於用，故均驅向中國。

第五款　銀錠

吾國銀錠之鑄造，歷代相沿，人民可以經營，故其純分成色，重量、大小、名稱各地不同，買賣交易，多以銀爲標準。銀錠種類可分爲三：(一)元寶銀，重約五十兩，形似馬蹄，故又稱之曰馬蹄銀，其成色各地不同；(二)中錠，重約十兩，形狀不一，但以類似衡錘者爲最多，其爲馬蹄形者，稱之曰小元寶；(三)小錁銀，又稱小錠，形如饅頭，重量自三兩至五兩不等，此外尚有碎銀，爲補助銀錠之用，此類碎銀，又名滴珠。史稱：『清康熙、乾隆年間，官私出入皆用紋銀，而商民行使，則自十成至九成八成七成不等，交易時，僅按十成足紋，遞相核算。」乾隆時，民間於紋銀外，尚有各種之名色，江南、浙江有元絲銀，湖廣、江西有鹽撒銀，陝西、甘肅有元鏪銀，廣西有北流銀，四川有土鏪柳鏪及茴香銀，山西有西鏪及水絲銀，雲、貴有石鏪及茶花銀。此外又有青絲、白絲、單傾、雙傾、方鏪、長鏪等名色不一，授受繁瑣，交易之不便，於此爲極。嘉、道以還，名色尤多，及至末葉，外洋銀條流入，各地所鑄寶銀名稱更爲複雜。至執此寶銀鑄造之權者，曰銀爐；（北方稱之曰爐房，南方稱之曰銀爐）鑑定寶銀之成色與重量而確保其價格者，曰公估局。凡欲經營銀爐者，須先經戶部之許可，方能開業，卽每一地方銀爐，亦均有一定之額數，不得任意增設也。公估局亦然，除須經官廳准許之外，並有當地錢業公所認可，方可成立，且每地多以一局爲限，卽有設立二局以上者，要亦係屬分設。凡有公估局地方，無論本地或他地之銀爐所鑄新錠，必先經該局驗視證明，方能收受無疑也。

第六款　紙幣

清代之紙幣，可分爲清初與清末兩時期。清代中葉，如康熙、雍正、乾隆、嘉慶四朝，均以銀爲主幣，而輔之以銅錢，鈔票幾不可見。清初入關時，民間流通之明代鈔幣，已不多有，因國用不足，於順治七年時，造鈔十二萬八千一百七十二貫有奇。後以宋、元、明鈔法發生弊端，十八年時，卽行停止。咸豐初年，發生內亂，頻年用兵，用度浩繁，無法應付，於是發行銀票錢票兩種：銀票分一百兩、八十兩、五十兩三種，名曰官票。錢票，卽錢鈔，於京城內外招商設立官銀錢號，由部發給成本銀兩，並戶工兩局交庫卯錢，以爲票本。是後鈔票發行漸多，公立機關之發行者，則有大清銀行，各省官銀鈔局，私立機關之發行者，則有各省之私立錢莊錢號，普通商業銀行，而在華之外國銀行，如英之麥加利、匯豐，美之花旗、東方匯理，日之橫濱正金，荷蘭之和蘭，比利時之華比，俄之華俄等銀行，皆取得發行鈔票權。大清銀行發行之兌換券，有銀兩票，銀元票，錢票三種，但因銀兩成色不一，銀元種類繁多，所以各地分行所出之兌換券，均註明某處通用。錢票發行者，僅有北京之阜通，東南兩號，又濟南、大清銀行分行紙幣所印行者，爲一元、五元、十元、五十元、百元五種，及銀兩票一兩、五兩、十兩、五十兩、百兩五種。紙幣發行，自光緒三十一年起，至宣統三年閏六月止，各地大清銀行分行銀兩票爲五、四三八、九一〇兩，銀元票爲一二、四五九、九〇七元。與大清銀行兌換券同時行使者，尚有各省官銀錢號發行之鈔幣。官銀錢號設立於咸豐二年時，爲推行銀錢票之機關，至光緒末年時，各省設立者，幾遍全國，其發行之鈔幣，有銀兩票、銀元票、制錢票、銅元票等，發行之票面額，各有不同。清末設立之商業銀行，如中國通商銀行，浙江興業銀行，四明商業銀行，北洋保商銀行亦均有發行鈔票權。

第十四節　清代之金融機關

第一款　票號

溯票號之起源，在滿清乾隆、嘉慶年間，有山西平遙縣人雷履泰領本縣達浦村李姓之資本，在天津開設日昇昌顏料鋪，顏料中有銅綠一種，出自四川境內，雷氏遂往重慶販銅綠至天津，頗能獲利，營業日盛，而日昇昌之名，遂喧傳於津、蜀間。雷氏時爲日昇昌經理，遂創行匯兌法，凡各商往來銀錢，皆可爲之接收代匯，其法出一支付之票，持至所匯地之分號或聯號，如數兌收現銀，故曰票號。匯兌款項時，按各地銀色之高低，路途之遠近，銀根之鬆緊，於所匯數目之外，另加匯費，名曰匯水。祇須一信之通，鉅款立時照付，較諸鏢局保送，費省而事穩，各商便之，莫不趨之若鶩，而日昇昌之營業遂日廣，利益遂日增矣。日昇昌設立票號後，有同縣人毛鳳翽者，爲蔚泰厚布莊執事，見日昇昌匯兌利厚，亦在蔚泰厚仿行其法，不數年間，亦獲厚利。自是爭相仿效，凡長江各埠之營茶莊、典當、綢緞、絲布業及京、津一帶營皮毛雜貨業之晉人，羣起仿辦，往往於本號附設票莊。至咸豐初年，遂有籌集鉅資，專營其業者，如平遙縣有蔚盛長、天成亨、新泰厚、協同慶、協同信、百川通、蔚豐厚、蔚長厚、寶豐隆，祁縣有元豐久、巨興隆、巨興和、存義公、三晉源、大德通、大德恆、合盛元、大盛川，太谷縣有世義信、志成信、協成乾、錦生潤等。是等票號，分爲祁、太、平三幫，其總號在平遙縣者曰平幫，在太谷縣者，曰太幫，在祁縣者曰祁幫，設總號於本縣，設分號於各省，分號之多，以日昇昌、蔚泰厚、存義公、天成亨、大德恆、大德通、志成信、協成乾等爲最，專營票業，共有三十餘家。其時黃河以南，直至閩、廣，皆爲干戈擾攘之地，道途梗阻，轉運爲艱，各省巨商顯宦，多將資財委託票號匯兑，而國家餉需協款丁銀等，亦賴票號以資挹注，而營業遂蒸蒸日上。至光緒初年，即國家之丁賦，亦有歸票號代匯者，於是票號資財更足，然查各家除各省官紳私蓄之款存放於票莊或轉匯外，資本之數甚微，如平幫之日昇昌、百川通，營業甚廣，其資本不過十餘萬兩，而存款多至數百萬，其他各家，亦均如是。其時官款之存入者，有稅項運餉協款丁漕，均不計利，私人之款，則官吏宦囊紳富私蓄，莫不捆載而來，寄存號內，每年取息僅二三釐，尙有不取利者。票號全以他人之款，存放其他商家，年取一分之利，而匯兌時則僅憑一紙之書付款，毫不稽遲，所取匯水，尤屬不貲。自光緒中葉，直至庚子而後，每家票號，無不年獲利市數倍。票號內容之組織，至爲簡單，並無一定規章，全憑人之信用，以取信於官紳。當初辦時，既如上述，均附設於貨號之內，及後營業發達，乃立專號，其組織或爲合資或爲獨資，均屬無限責任，將資本交付於管事（即大掌櫃）一人，而管事於營業上一切事務，全權辦理，股東均不過問，既不預定方針於事前，又不實施監察於事後，此種營業，實爲東方特異之點。管事在票莊內有無上之權威，凡用人之標準，事業之進行，各夥友聽命於管事，但權利頗有平等之意義，管事與夥友均定三年回家一次，紅利亦平均支配，故管事得人，則營業無不發達，否則財東有莫大之危險，如票號營業之失敗，經濟上損失之責任，全由財東負擔，而管事者不負賠償之責。及光緒末葉，大清、交通兩行成立，所有官款，皆由該兩行存匯，而票號始受影響，然以信用久著，私人之存放匯兌，仍屬不少，營業尚可支持，及辛亥武漢革命，全國響應，全省票號，毫無準備，放出之款，一時無法收回，存款皆紛紛來提，週轉不靈，其掌柜多攜款潛逃，或僞造帳目。一家倒閉，牽及各家，是以民國初年，晉商票號，紛紛倒閉，至今僅存數家而已。

第二款　錢莊

清代錢莊，紹興一派，最佔勢力，當時阻止票號勢力不得越長江而南者，此派之力也。前清末葉，義善源、源豐潤等錢莊，翹然獨出，代理道縣庫，分紹與人之勢力，而別爲鎮江派。浙人性機警，有膽識，具敏活之手腕，特別之眼光，其經營商業也，不墨守成規，而能臨機應變，故能與票號抗衡，在南中別樹一幟。其營業區域，在長江南北，且利用交通之便，寖而蔓延各地，其大本營在上海、漢口兩處，而南京、鎮江、蕪湖、九江等處，亦在其勢力範圍之內。錢莊之營業，約可分爲數種：(一)代理道庫縣庫，國庫省庫，既爲票號所盤踞，此派不得已乃以道庫縣庫歸諸掌握；(二)貼現，此種貼現，雖不能盡括現今貼現之種種辦法，然如漢口之比期，東省之卯期，上海之拆票等，當時已具雛形；(三)往來存款，其制度與現今銀行往來存款相同。

上海之錢莊，歷史攸久，濫觴於二百餘年前，(按上海邑廟附近內園錢業總公所重修記有云：『蓋自乾隆至今，垂二百年，斯園閱世滄桑，而隸屬錢業如故。』)惟當時錢業僅營兌換一項，資本甚小，大概設攤於南市一隅，洪、陽之亂，南市商業，因戰事關係，托庇於租界之下，因此北市之商業，大爲繁榮。自同治元年起，錢莊之重心，由南市而移至北市。光緒初年，上海商業日漸發展，錢莊之營業，亦日益膨脹，據光緒二年之調查，當時上海之匯劃錢莊有一百〇五家，其中設立在南市者四十二家，設立在北市者六十三家。南市四十二家，爲大亨、大豫、大豐、元大、亨正、豐巨、源合、源同、康同、元誠、至公、安康、安泰、延孚、阜南、昇茂、和盛、洪泰、恆德、盈生、晉源、晉豫、泰康、乾記、順元、敦和、集生、源元、源記、源泰、恆、愼泰、愼生、瑞康、椿源、裕大、福源、聚泰、德昇、德康、震大、震亨、震昌、震源。北市六十三家，爲大有、豫久、康允、康元、和仁、元五、康巨、豐申、昌同、元誠，安滋、延大、延生、延昌、阜康、阜豐、貞生、咸康、咸泰、茂泰、泰豐、振茂、厚、德晉、吉晉、德純、泰乾、一乾、和乾、康乾、德乾、豐乾、通惇、泰惠、吉惠、安惠、康萃、和康、泰崇、德燊、源愼、康愼、號、愼餘、愼益、源源、源昌、源泰、源祥、新吉、鼎源、鼎豐、福泰、肇泰、壽康、德昶、緖元、震祥、豫成、頤德、德泰、樹德、寶泰、寶興。

光緒八年，舊曆十二月初，發生之倒帳風潮，打破錢業黃金時代。當時有金嘉記源號絲棧，因虧折款項五十六萬兩，突然倒閉，錢莊被累者，共四十家。爲時各莊局面不大，趕將放款收回以資支持，而其時適逢年底，據十二月三十日之調查，爲銀根緊急所累而倒閉之商號，凡二十家，總數凡一百五六十萬兩左右，錢莊停業清理者竟佔半數。次年（光緒九年）開市，南市之大小錢莊，僅有二十三家，北市僅有三十五家。厥後風潮最烈者，爲貼現風潮，與橡皮風潮。貼票風潮，發生於光緒二十三年間，先是有協和莊者，專營貼票事業，其法以高利吸收存款，例如以九十餘元存入者，不屆一月，即以存票往收，可得百元之數。錢莊之所以願出重利吸收存款者，蓋當時有販運鴉片以博厚利之徒，悉向錢莊借款，錢莊現款不敷應求，乃有此貼現之方法。小有資產者，爲利所誘，羣向錢莊貼票，而貼票錢莊，亦如雨後春筍，愈開愈多，於是互相競爭，所貼之利，竟有百分之二十者，後有狡黠者，專設此類錢莊，吸收現款，以供揮霍，卒因屆期現款無着，信用大失，全數倒閉，而專營貼票之正當錢莊，影響所及，亦相率傾覆，匯劃莊因之大受擠軋，存戶紛紛提存，事變倉猝，以致週轉不靈，倒閉擱淺者，踵相接也。宣統二年，復有橡皮風潮之發生，其時有西人某在滬創設橡皮股票公司，大登廣告，誇言橡皮事業之希望，商人咸被矇蔽，競相購買，不料該西人佯言回國，一去不返，杳如黃鶴，發電詢問，毫無音息，於是始知受欺，股票價值，一落千丈，視同廢紙，商人紛紛破產，錢莊乃大受影響，因此倒閉者，有數十家之多。

第三款　銀行

我國之有銀行，以英商麥加利銀行，咸豐七年在滬創設之分行最早，厥後英之匯豐、有利，法之東方、匯理，日之正金，德之德華，於同、光年間先後在華設行營業。至吾國自設之銀行，當以上海之中國通商銀行爲嚆矢，當光緒中葉後，國人漸感外人經濟之壓迫，知非振興實業，不足以圖強，非改革金融機關，不足以振興實業，於是盛宣懷於光緒二十二年，在上海創設中國通商銀行，開辦之初，曾向當時度支部商借庫銀一百萬兩，議定五年勻還，至光緒二十八年，如約還清。厥後即純係商股，至行內一切制度，均仿照外商銀行辦理，是爲吾國私立銀行之鼻祖。中國通商銀行成立後十年，光緒三十二年，戶部始有戶部銀行之設立。戶部銀行者，即清季之大清銀行，今日之中國銀行也。初成立時，戶部原擬藉爲推行幣制之樞紐，當時奏准之試辦銀行章程三十二條，隱然樹我國中央銀行之先聲。至三十四年，奏定以戶部銀行改設大清銀行，頒布大清銀行則例二十四條，更漸具吾國中央銀行之雛形，是爲吾國國家銀行之肇端。自光緒二十二年，迄宣統三年，計歷年十有六，在此期間內，銀行之成立者，計十有七家，而至今已改組或停業者達十家，存在者僅七家耳。茲列表如左：

時代年份	銀行名稱	總行所在地	備註
光緒二十二年	中國通商銀行	上海	
光緒二十八年	直隸省銀行	天津	停業
光緒三十二年	戶部銀行	北平	三十四年改組爲大清銀行
光緒三十二年	濬川源銀行	成都	停業
光緒三十二年	信成銀行	北平	停業
光緒三十三年	四海通銀行	新加坡	
光緒三十三年	浙江興業銀行	上海	
光緒三十四年	大清銀行	北平	清理
光緒三十四年	交通銀行	上海（原北平）	
光緒三十四年	四明商業儲蓄銀行	上海	
光緒三十四年	信義銀行	未詳	停業
光緒三十四年	裕商銀行	未詳	停業

宣統元年	浙江銀行	杭州	民國四年改組爲浙江地方實業銀行
宣統二年	北洋保商銀行	北平	
宣統三年	福建銀行	福州	停業
宣統三年	四川銀行	成都	停業
宣統三年	殖業銀行	天津	

第十五節　清末商政之設施

(一)商政機關之設立　海禁既開，交涉日繁，光緒三年，設南洋大臣，九年，設北洋大臣，兼管通商之事。二十九年七月設立商部，九月以工部併入商部，改稱農工商部，分農務、工務、商務、庶務四司，商務司掌管一切商政，統轄京內外商務學堂公司局廠及辦理商政人員，兼管商律館、商報館、公司註册局、商標局。三十三年五月改訂外省官制，各省添設勸業道，掌管全省農工商業及各項交通事務，此國內商政機關也。至於國外與締約國互派公使代表本國，保護國外華僑，幷陸續遣派領事於締約各國。

（二）商事法之編訂　光緒二十九年三月，德宗令載振、袁世凱、伍廷芳編訂商律，編成商人通例九條，暨公司律一百三十一條，附則六條，三十年編定商標註册試辦章程二十八條，三十二年四月奏准頒行破產律六十九條，又奏公司註册試辦章程十八條，三十四年奏定銀行則例。

（三）商務總會之創設　光緒二十九年十一月，商部奏定商會簡明章程二十六條，附則六條。光緒二十九年，商部勸諭各業之商務較巨者，先在京師倡設商會，外省商人籌辦商會者，並責成地方官隨時詳報督撫咨部，不得阻遏，以順商情。三十年，奏定商部接見商會董事章程八條，使官商聲息相通，以除隔膜之弊。又奏定議派各省商務議員章程十八條，並設商務局於各省。又命督撫遴選能吏，造册送部，委充商部議員，負商務上提倡考察之責。三十二年商部札行各總分商會，准設商務分所，頒發各商會各種表册式樣，並派員司勸導商人組織商會。三十年，金銀號匯兌莊各商董稟請先設公所，互相聯絡，由商部給發憑單，後復輾轉勸勉，京師大宗行號均能聲氣相通，漸臻融洽。光緒三十二年冬間，勸令設立商務總會，由各商董照章投票公舉總協理，於三十三年三月奏准，於是京師設立總商會，各省亦陸續設立分會矣。

（四）商業之提倡　德宗亦以振興商業爲急務。光緒二十九年八月上諭：『現在振興商務，全在官商連絡一氣，以信相孚，內外合力維持，廣爲董勸，以期日有起色。』九月，諭令各直省將軍督撫通飭所屬文武各官及局卡委員一律認眞恤商，持平辦理，力除留難延擱各項積弊，以順商情。三十三年七月，農工商部奏准議訂華商辦理實業爵賞章程十條。二十九年九月，又具奏獎勵華商公司章程。三十三年八月，又奏准援照軍功加獎成例酌擬商業外獎辦法。

（五）度量權衡之制定　光緒三十三年九月，諭令農工商部會同考定度量權衡畫一制度，詳擬推行章程，農工商部乃設局開辦，擬定推行畫一度量權衡制度暫行章程四十條，幷擬定度量權衡畫一制度，惜未能推行耳！

（六）賽會及陳列所之提倡　光緒三十二年，商部訂定出洋賽會章程二十條，凡國外會場之管理，商人赴會之呈報，赴賽之物品，及物品之免稅，規定綦詳。三十二年，又奏定京師勸工陳列所章程，規定辦事細則，採取商品，寄存貨物，及遊覽陳列所辦法。

(七)商學之振興　光緒二十九年，命張之洞、張百熙、榮慶釐定各省學校章程，就各地情形，審擇所宜，亟謀廣設，并於通商繁盛之區，設立商業學堂。

第十六節　清代商稅

清代商稅得分述如左：

(一)關稅　關稅有正稅、商稅、船料稅三種。正稅按出產地道徵收之，商稅對於貨物之物價而徵收之，船料稅按船之樑頭大小徵收之。康熙二十三年，設立四海關（詳前）二十八年，制定稅則，凡商船到關，每船按樑頭徵銀二千兩，再抽貨稅。道光二十三年，由耆英與英國公使璞鼎查（Sir Henry Pottinger）商訂各關稅則協約，及五口通商章程，我國關稅遂成協定稅則，貨價估計，修改期限，亦爲條約所束縛矣。

(二)鹽稅　中國產鹽之地，共有十所，如長蘆鹽，（直隸）山東鹽，河東鹽（山西）兩淮鹽、兩浙鹽、兩廣鹽、福建鹽、甘肅鹽、四川鹽、雲南鹽，各處銷售之法不同；一、官督商銷，卽政府給引票與商人，據引購鹽，以販賣於行鹽引地；二、官運商銷，即政府自購鹽場之鹽，運於官設之棧，俾鹽商購賣；三、官運官銷，即政府運棧自賣；四、包課，即偏僻省分之產鹽地，許民間自製自用，而課以稅銀。四者之中，以官督商銷，最爲通行。合計各省正課徵額六百二十五萬八千〇七十一兩，雜款徵額一百三十八萬八千九百四十兩，包課銀九萬零百二十三兩，總計七百七十三萬七千一百三十四兩。當運鹽過卡之時，再納釐金，謂之鹽釐，此項鹽金，不計入普通貨之鹽金中，而別爲鹽釐，與鹽課合而爲鹽稅。各省所報之鹽稅，乃鹽課與鹽釐兩種合計之數，鹽稅總額，約計一千三百萬兩，除鹽課七百萬兩外，所餘之六百萬兩即爲鹽釐。

(三)釐金　釐金爲一種地方通過稅，佔清代各省收入之大部。咸豐三年雷以誠奏請設捐局於江南、泰州、寶應，抽收釐捐，釐金之制，即自此始。洪、楊之亂，兵餉不繼，曾文正乃仿行抽釐之法，以充軍用，後胡文忠亦行之於湖北，而各省不數年，皆通行之。釐金局屬於督撫之管轄，每省有釐金總局一，設總辦一人，多自候補道員選任之，以管理全省之釐金，爲督撫所統制。稅率原以貨物之原價百分之二爲標準，其實由於關員任意評定，立爲稅率，且同一貨物，其釐金不僅抽收一次，每過一卡，則抽收一次，貨物運送愈遠，通過釐卡愈多，抽收之額亦愈增加，及至最終之地，納稅總額，數倍於原價。又別設落地稅，亦混入於釐金之中收之。落地稅乃貨物輸出於原產地或輸入於販賣地之時所徵收之稅。據光緒二十九年戶部所報告各省釐金歲入之數合計一一、七九五、五七六兩，錢三、三二四、四四八串，其中爲抽收官吏所中飽者，何止倍蓰，此種收入，皆直接歸於地方經費，非有特別命令，不必解送於中央政府。

（四）土藥稅　自光緒十一年鴉片條約締結之後，清廷始命各省課稅於內地所產之鴉片，名爲土藥稅，自是各省收入加此一項。據光緒二十九年戶部報告，各省徵收額合計爲二百十九萬七千四百二十四兩。

（五）雜稅　舊制所謂雜稅，不過礦稅、漁稅、牙稅、茶稅、當稅、契稅數種，清廷末年所辦新稅，亦屬於此。各省雜稅徵收總額，合計三、二七〇、五八九兩，錢二五四、六八八串。

第十七節　清季十年之對外貿易

我國商業之在清季，殆完全處於失敗之地位。茲將清季十年之海關貿易册，比例如左：

年份	洋貨進口	土貨出口	共計價值
光緒二十八年	三一五、三八三、九〇五銀兩	二一四、〇八一、五八四銀兩	五二九、五四五、四八九銀兩
光緒二十九年	三二六、七三九、一三三	二一四、三五二、四六七	五四一、〇九一、六〇〇
光緒三十年	三四一、〇六〇、六〇八	二三九、四八六、六八三	五八三、五四七、二九一
光緒三十一年	四四七、一〇〇、七九一	二二七、八八八、一九七	六七四、九八八、九八八
光緒三十二年	四一〇、二七〇、〇八二	二三六、四五六、七三九	六四六、七二六、八二一
光緒三十三年	四一六、四〇一、三六九	二六四、三八〇、六九七	六八〇、七八二、〇六六
光緒三十四年	三四九、五〇五、四七八	二七六、六六〇、四〇三	六七一、一六五、八八一
宣統元年	四一八、一五八、〇六七	三三八、九九二、八一四	七五七、一五〇、八八一
宣統二年	四六二、九六四、八九四	三八〇、八三三、三二八	八四三、七九八、二二二
宣統三年	四七一、五〇三、九四三	三七七、三三八、一六六	八四八、八四二、一〇九

據右表可知國外貿易，年盛一年，而輸出土貨之價值，絀於洋貨八千數百萬。輸出品最重要者，

爲絲茶，絲之輸出價值佔總額百分之三十五分，茶則佔百分之二十分。輸入品以洋布鴉片爲大宗，洋布佔總額百分之三十七分，鴉片佔十九分，即謂我國以絲易布，以茶易鴉片可也。以絲易布，是以生貨易熟貨，已不免相形見絀，以茶易鴉片，是以有益之品，易有害之品，其受禍更烈也。

第二章　民國時代之商業

第一節　民國初年之商業

辛亥革命，其端實啟自商人。奕劻當國，收商辦鐵路爲國有，商人起而反對，各界以公理所在，羣起而爲商人後盾，遂釀成莫大之風潮，民軍乘之，遂首先發難於武昌，各省聞風，先後響應，商人及寓外僑商，慷慨輸財，以供軍餉，民國之造，商人當在首功之列，然而本年商業長江一帶，上自重慶，下至鎮江，實已深受戰事影響，一落千丈。民國元年之初，正值新舊過渡時代，和戰紛紜，據海關報告本年貿易情形，春初氣象之衰敗，爲通商以來所未有，幸而清帝實行退位，共和告成，人民放於市面營業流通之款，多數提回，或貯外國銀行，或藏私家祕窟，以致銀行之週轉不易，往來買賣，大半限於現錢，而現銀轉運，又多阻滯，並有數省銀錢，竟行禁止出境者，是以國內匯兌隨之而漲。各省當道，因庫款支絀，頒行鈔票，所出之數既鉅，其價自跌，此本年金融之大概情形也。然至歲底，金融漸告安定矣。至言交通，民初各路，頗形梗塞，擾亂頻聞，粤省水道，幾爲盜賊盤踞，長江上游，及他處民船迭遇不測，陸地亦然，土匪如鲫，商民視爲畏途，艱於輸運，甚至竟不敢行。幸而各處豐稔，竟能歷時無多，情形立變，甫交秋際。劫掠之事，罕有所聞，此顯見民間衣食充足之效。兵變内鬨，雖間有所聞，但一屆年終，國内全無絶大之變亂，是秩序已徐徐復矣。民國二年之初，腹部及南邊，有風鶴之驚，商人畏懼，幾無轉機之望，及四月正式國會成立，通商諸國中僅有巴西、美利堅、墨西哥、古巴、祕魯諸共和國爲正式之承認，然至七月，江西發難，川、湘、粤、皖、滬、寧之各地，内戰劇烈。即邊疆省分，亦不能免，所幸爲期不久，干戈底定，至十月正式大總統舉定，通商各友邦，爲一致之承認，正式政府告成，人心略定，然商業仍形凋敝，富戶不敢投資，商人相戒裹足，以致現銀缺乏，紙幣濫行，價值愈跌，加以大亂雖平，而潰逃兵士，未謀處置，潛挾槍械，挺而走險，貿易一道，阻礙殊多。又資本家仍以外國銀行及私家祕窟爲淵藪，歲聿云暮，金融上尚未見活動，差幸農民有慶，故本年商況，較上年爲進步，進口貨值合銀五億七千十六萬二千五百七十七兩，出口貨值合銀四億三百三十萬五千五百四十六兩，共銀九億七千三百四十六萬八千一百二十三兩，比元年增至一億二千餘萬兩之多。民國三年，白狼之亂，又起於河南，北方諸省頗遭蹂躪，迨狼匪就擒，國中胥靖，而亘古未有之歐洲戰禍，復乘時而勃發，我國商業亦受其影響也。

第二節　民國初年海外僑民之商況

共和軍起，我海外同胞之對於祖國，同抱協贊之眞誠，就中富商大賈以財力相佽助者，爲數尤夥不貲。蓋以身居海外，所受異國政府之壓迫，故其愛國之心油然而起，不能自已也。僑民中之廣東人、福建人爲多數，江蘇、浙江次之，總數不下七百餘萬之多，而居於暹羅者人數爲尤衆，幾握暹羅全國之商權，臺灣次之，其餘各地又次之，列表如左：

華僑人數表

暹羅	二百四十六萬一千零
臺灣	二百四十萬零

南北美洲	二十六萬九千零
安南	十二萬二千零
非律賓	八萬六千四百零
爪哇	九萬七千零
高麗	三萬七千零
歐洲及俄國	四萬三千零
澳洲	二萬九千零
其餘各處小島	一百八十四萬零
總數	七百四十萬九千四百零

右數爲歐戰未發生以前所調查。我商人之執業於彼者，類多堅忍耐勞之特性，每歲輸入祖國之金錢，爲數甚鉅。

第三節　商政之整理

民國初年，關於商政之整理者，可分數大端：一、管理商政機關之設立，南京臨時政府初立時，特建實業部，及臨時政府移北京，分爲農林及工商之兩部，正式政府成立，復併爲農商部，是爲商業行政之最高機關。至於國外商業，各有駐外公使及領事，用資管理，而同董其成於外交部；二、商法之頒行。營業自由，載明約法；三年復頒行商人通例，使商家有所遵循。所謂商人，指爲商業主體之人而言（實質上商人。）凡左列各種營業，謂之商業，（一）買賣業，（二）賃貸業，（三）製造業或加工業，（四）供給電氣煤氣或自來水業，（五）出版業，（六）印刷業，（七）銀行業兌換金錢業或貸金業，（八）擔承信託業，（九）作業或勞務之承攬業，（十）設場屋以集客之業，（十一）堆棧業，（十二）保險業，（十三）運送業，（十四）承攬運送業，（十五）牙行業，（十六）居間業，（十七）代理業，此外凡有商業上之規模布置，自經呈報該管官廳註冊後，亦一律作爲商人，（形式上商人。）凡關於商人能力，商業註冊，商號，商業帳簿，商業使用人，及商業學徒，代理商等，均有專章，以爲規定。至於經商所設立之團體，號爲公司者，則另有公司條例之頒布，以資遵守。據公司條例之規定，公司種類，共有四種，茲分別言之如左：

一、無限公司　全以無限責任股東組織之，卽公司財產不足淸償公司債務時，其股東全體對於公司債權人負連帶無限之責任。

二、兩合公司　以無限責任股東與有限責任股東組織之。其無限責任股東之性質，與無限公司之股東相同，而有限責任股東之出資，則以定額爲限，對於公司負其責任。

三、股份有限公司　全以有限責任股東組織之。公司資本，預先確定，且須分爲股份，每股金額，應歸一律。至各股東之責任，以繳淸其股份之金額爲限，此其所以有股份有限公司之稱也。

四、股份兩合公司　亦以無限責任股東與有限責任股東組織之。其有限責任股東所湊集之資本，分爲股份，故稱之爲股份兩合公司，而與兩合公司有別也。

第四節　關稅自主之經過

前清道光二十二年，因中、英鴉片戰爭結果，締結南京條約，開五口通商，並設關徵稅。翌年，中、英通商條約成立，規定進出口關稅一律值百抽五，是爲我國協定關稅之起源。其後各國繼之，與我國訂立商約，開港貿易，協定稅則，我國之關稅主權，遂完全喪失，遂致國計民生，日益窮迫。民國成立以來，上下人士，已深知協定關稅之弊端，而致力於自主運動，每有機會，卽向各國要求。民國八年，在巴黎和會中，我國代表提出中國關稅自主問題，和會以無權解決爲詞而作罷。民國十年，在華盛頓會議中，我國又將此問題提出，各國代表，與以同情，但結果僅由議會決定大綱，對於中國之關稅，分步改進，表面上此次努力之結果，似有成就，實則各國仍僅敷衍門面而已。兩次失敗之後，我國政府之努力，並未懈怠。十四年，我國召集美、英、日、法、意、荷六國代表，在北京開關稅特別會議，經過幾許折衝，各國始承認中國在民國十八年一月一日，有關稅自主之權利，解除舊日協定稅則之束縛。十六年四月，國民政府，定都南京後，卽自動宣布關稅自主，七月間頒布國定進口關稅暫行稅則，稅率按貨品之性質，分爲四級，定於九月一日實行。公布之後，適以軍事興起，未得實行。十七年七月，全國統一，政府本平等協定之精神，與各國討論廢止舊日通商條約，得各國同意，一年之內，先後與美、德、比、意、英、法等國，締結新通商條約，俱採關稅自主之原則。十七年底，頒布海關進口稅則，定於十八年二月一日施行，關稅自主乃實現。十九年五月，日本亦於最後與我國締結互惠關稅協定中承認，關稅自主之運動乃告完成。十九年冬，頒布現行稅則，定於二十年一月一日實行。其後進出口稅則俱因實際需要，經過數次修正，乃成爲今日實行之稅則。

第五節　關稅內容之變遷

在關稅未自主以前，我國關稅，向分爲海關與常關二類。海關又分爲進口稅、出口稅、子口稅、復進口稅、與船鈔五種；常關則分五十里內常關、五十里外常關、與內地常關三種。民國二十年一月，常關撤銷，海關之子口稅與復進口稅亦停征；同年六月，將出口稅中之沿海貿易稅部分，易名爲轉口稅，使其獨立存在，不再附屬於出口稅下，至此我國關稅內容乃大變，而成爲今日之形態。目前我國海關徵收之稅項，除代徵各捐不計外，共有進口稅、出口稅、轉口稅、進出口附加稅、及船鈔五種。其中轉口稅一項，係對於本國貨物自此通商口岸轉運到彼通商口岸者之課稅，純爲一種國內通過稅，與舊日之釐金無異，足以阻礙各地貨物之流通，抑制國內工商業之發展，使全國各地經濟不得有適當均衡之調劑，實爲惡稅，早在廢除之列，政府亦久存此意。二十三年度內，已有多種貨品停徵轉口稅。二十四年四月十八日，立法院又議決裁撤全部轉口稅，請行政院於六月一日實行，屆時財政部以尙未得到適當抵補辦法爲辭，請求緩行。上列五稅中，除轉口稅外，附加稅一項，在性質上爲臨時爲某項特殊之需要，如水災賑濟等而設，及此項特殊需要不存在時，附加稅亦卽撤除。中國關稅內容最重要者，爲進口稅、出口稅、及船鈔三項。二十四年六月，國民政府所頒布之財政收支系統法，謂：「關稅謂由海、陸、空進出國境之貨物，進口稅、出口稅、及海港之船舶噸稅等稅。」噸稅（卽船鈔），係對於往來通商口岸之船舶所徵課之稅，與營業牌照稅相似，列入關稅範圍之內：純爲徵收上便利，收入甚微，年僅佔關稅總收入百分之一而強，無關重要。

第六節　進出口兩稅則修正之經過

關稅自主以來，進出口兩稅則，變遷情形，分述如下。

第一款　進口稅則修正之經過

在協定關稅時期，因受條約之限制，進、出口正稅一律定爲值百抽五，我國不得修正之。迨關稅自主以來，始推翻協定局面，取消從前均一之稅率，而代之以差等之稅率，依貨物性質之不同，酌定差別之稅則，遵照課稅，中間因環境變遷，稅則亦隨之而加以修正。自關稅自主迄今，進口稅則共經過五次修正。

一、民國十八年進口稅則，民國十七年十二月七日公布，十八年二月一日施行，並定一年爲有效期間。其稅率分爲七級，最低爲值百分抽七五，最高爲值百分抽二七・五。此項稅則，係合併舊日之正稅稅率及十四年北京關稅特別會議所提七級附稅稅率而成，化零爲整，用充新定之稅率，以自動之方式公布之，謂之海關進口稅則。就其性質而言，多係根據成案，實爲過渡之辦法，非即完全自主之國定稅則也。

二、民國十九年海關金單位制之實施。我國進口稅則，過去向按關平銀兩計算，而關稅擔保之外債，則須金付償。自十八年間，世界金價騰漲，銀價跌落，海關稅收，有不敷償債之虞，政府乃於十九年二月一日規定海關金單位制，對於海關進口稅改按金幣徵收，每個金單位之價値爲六〇・一八六六公釐純金，當時合美金〇・四〇圓，英金一九・七二六五辨士，日金〇・八〇二五圓。制定未久，而英、日、美相繼放棄金本位，故現時金單位之折合率，係隨各幣所値之純金格而定。此次修正，除制定海關金單位外，稅則內容，仍舊毫無變更。

三、民國二十年進口稅則，民國十九年十二月二十九日公布，二十年一月一日施行，爲關稅自主後之第一次國定稅則。其稅目計分十六類，六百四十七目，稅率係按照貨物之性質，分爲十二級。

第一級	百分之五
第二級	百分之七・五
第三級	百分之十
第四級	百分之十二・五
第五級	百分之十五
第六級	百分之二十

第七級	百分之二十五
第八級	百分之三十
第九級	百分之三十五
第十級	百分之四十
第十一級	百分之四十五
第十二級	百分之五十

此表中所列之最低稅率，課於各種機器進口；最高稅率，課於煙、酒等奢侈品，並定米、麥、書籍等免稅。綜觀全部稅則貨品，較十九年進口稅則，其稅率未變動者有二百三十二項；稅率減低者有一百五十項；稅率增高者有四百五十一項；由此可見稅率之一般提高，寓有保護之意。

四、民國二十二年進口稅則，十九年五月所成立之中日互惠關稅協定，對於二十年之進口稅則，曾予以限制，使其不能充分表現自主之精神。二十二年五月，適中日互惠關稅協定有效期滿，乃對進口稅則重加修正，於同月二十二日施行，其中稅目計分十六類，六百七十二目。稅率與二十年進口稅則相較時，增高者有三百八十五項；減低者有九十二項；未變動者有四百三十三項。

五、民國二十三年進口稅則，二十三年六月三十日公布，七月一日施行。其稅目仍沿用二十二年之規定，分爲十六類，六百七十二目，稅率則有增者，亦有減者。合計全部稅則貨品，比較二十二年稅則中規定，稅率增高者有三百八十八項；減低者六十六項；照舊不動者，四百七十項；卽爲現行海關進口稅則。

第二款　出口稅則修正之經過

協定關稅期間之出口稅則，値百抽五，係於咸豐八年規定，民國十五年十月，又增設二·五附稅，在關稅自主之前，出口稅率爲百分之七·五，從關稅自主以來，出口稅則亦隨時代之要求，而加以修正，前後凡三次，玆分述如下：

(一)民國二十年出口稅則，二十年五月七日公布，同年六月一日施行。其稅目計分六類，二百七十目，稅率有從價者，亦有從量者，從價之稅率爲値百抽七·五，從量之稅率爲値百抽五，此稅則施行後，屢以環境之要求，而有局部之修正。如：

(1)自二十二年五月十八日起，生絲免徵出口稅。

(2)自同年八月十一日起，純絲製品免徵出口稅。

(3)自二十二年十月十三日起，米、穀、小麥、蕎麥、高粱、玉蜀黍、小米與未列名雜糧，免徵出口稅。

(二)民國二十三年出口稅則，二十三年六月八日公布同月二十一日施行，即爲現行出口稅則。其稅目計分六類，二百七十目，仍二十年稅則之舊制，稅率方面，新增加之減免項目頗多，綜合全部稅則貨品與二十年稅則相較時，現行稅則中稅率減低者有三十五項，新增之免稅品有四十四項。

(三)民國二十四年，修正出口稅則，二十四年六月二十五日國府公布，現在尚未實行。在此修正稅則中稅目仍舊，稅率方面則減免極多，動物產品大都減稅，海產魚介、乾鮮菓品則全部免稅，蔬菜、植物、油類及花生、生仁，亦皆減稅；其他雜項貨品，所免尤多。綜計全部稅則物品，此次減稅者凡四十一項，免稅者凡八十七項，加以原已免稅之三十八項，則出口免稅者，共計一百二十五項，可謂少數特產仍照徵者外，大宗出口貨，俱得減免之利矣。

第七節　關稅收入

我國海關稅收，可分爲二個時期：第一時期，卽在民國十八年以前，爲協定稅則時代；第二時期，則自十八年起始爲關稅自主後之國定稅則時代。在第一期中，海關進出口稅率俱協定爲値百抽五，因有條約之限制，我國無權修改。民國十八年，我國關稅自主，自此以後，爲我國關稅第二時期。在此時期中，一方以國際貿易數量增加，一方以稅則屢經修正，稅率屢次提高，故稅收較增，民國二十年乃達到最高峯，是年海關稅收總數爲三八六、九一二、二三九元，幾當民國元年稅收之六倍，民國十七年之三倍。茲將民元以來，歷年關稅收入數目，羅列於下，並以民元爲基年，製出指數，以資比較。

附表一　民國元年份至二十四年份關稅收入數額表

年份	收入數額（國幣）	指數
民國元年	六六、七四四、四九五	一〇〇
二年	七三、〇六九、〇五四	一〇九
三年	六五、九一三、五六八	九九
四年	六三、一四九、二八五	九五
五年	六四、六七四、〇六九	九七
六年	六五、三八一、七二〇	九八
七年	六二、八一七、一二七	九四
八年	七八、六八三、四六八	一一八
九年	八四、四五二、〇四四	一二七
十年	九一、八九八、一六四	一三八
十一年	九八、〇七八、九七六	一四七
十二年	一〇五、九三五、二四六	一五九

十三年	一一五、〇五二、七八三	一七二
十四年	一一六、二二三、九三一	一七四
十五年	一二八、七三二、六七五	一九三
十六年	一一二、九八五、三六四	一六九
十七年	一三三、九三九、七九三	二〇一
十八年	二四五、二二五、二九二	三六七
十九年	二九一、六九七、〇一四	四三七
二十年	三八六、九一二、二三九	五八〇
二十一年	二九二、九五四、〇二六	四三九
二十二年	三二五、三八八、七〇二	四八八
二十三年	三三四、六四五、四〇八	五〇一
二十四年	三一五、五一九、七一二	四七三

吾人觀察上面之表，得知我國關稅收入，有逐年增加之趨勢。蓋在關稅自主以前，係因國際貿

易之增進，與徵稅物價之修正；在自主之後，則因一方國際貿易之有增無減，而一方頒布國定稅則，提高稅率，從前進口稅率原有值百抽五，後又有二·五附加，合計只爲值百抽七·五。迨十一年關稅自主，施行國定稅則，稅率定爲七級，最低者爲百分之七·五，最高者爲百分之二七·五，海關收入，隨之而增；後以十九年採用海關金單位制度，與二十年之重新頒布稅則，增高稅率，故稅收繼續增加，而於二十年登峯造極矣。二十一年度，因承上年九一八事變之後，東北各關，先後封閉，稅收損失甚鉅，復受一二八戰事影響，貿易一落千丈，滬關稅收銳減，其他各埠，亦因先後二次事變，商業蕭條，稅收短少。民國二十二、二十三兩年度中，雖世界經濟恐慌，國內農村破產，然以海外貿易之略進，與政府整頓稅制之結果，稅收數額，又能緩緩上昇。至二十四年度，則以美國白銀政策實施之結果，使我白銀外流，人民對外購買力萎縮，加以夏季江河氾濫，水災蔓延十數省，人民購買外貨之能力愈微，故海關進口貨又減，稅收亦低於上年矣。

第八節　金融機關

第一款　銀行

我國銀行，可分爲九大類，分述如左：

甲、中央銀行　民國初年，我國並無正式之中央銀行，彼時中國銀行，雖具代理國庫及發行紙幣之特權，然事實上究不足以當中央銀行之使命。民國十三年，廣州始有中央銀行之組織。十五年十二月，國民政府在漢口設立中央銀行。十六年十月，政府頒布中央銀行條例，明定：『中央銀行爲特定國家銀行，由國民政府設置經營之。』設籌備處於上海。十七年十月六日中央銀行條例又經國府會議修正通過同月二十五日中央銀行章程亦經國府會議通過公布，而中央銀行遂於十一月一日正式開幕，其資本總額定爲國幣二千萬圓，由國庫一次撥足。至二十三年四月，復經行政院議決增加資本總額爲一萬萬圓；自二十四年十一月法幣政策實行以後，中央銀行有改組爲中央準備銀行之議。中央銀行之營業照二十四年公布之中央銀行法之規定，其特權有：(一)發行本位幣及輔幣之兌換券；(二)經理政府所鑄本位幣、輔幣，及人民請求代鑄本位幣之發行；(三)經理國庫；(四)承募內外債，並經理還本付息事宜。其普通業務有：(一)經收存款；(二)收管各銀行法定準備金；(三)辦理票據交換及各銀行間之劃撥結算；(四)國民政府發行或保證之國庫證券及公債息票之重貼現（前款證券及息票之到期日，自重貼現之日起至多不得超過六個月）；(五)國內銀行承兌票國內商業匯票及期票之重貼現（前款票據須爲供貨物之生產、製造、運輸或銷售所發生，其到期日自本銀行取得之日起，至多不得過六個月，並至少有殷實商號二家簽名；但附有提單、棧單或倉單爲擔保品，且其貨物價值超過所擔保之票據金額百分之二十五時，有殷實商號一家簽名，亦得辦理之）；(六)買賣國外支付之匯票；（前款匯票，如係由進出口貿易所發生，見票後其到期日不得過四個月；如係承兌票，其到期日自本銀行取得之日起，不得過四個月；所有依照商業習慣定支付日期之匯票，應至少有殷實商業二家簽名，但附有提單、棧單或倉單爲擔保品，且其貨物價值超過所擔保之票據金額百分之二十五時，有殷實商號一家簽名亦得辦理之。）(七)買、賣國外殷實銀行之卽期匯票、支票；(八)買、賣國民政府發行或保證之公債庫券，其數額由理事會議定之；(九)買、賣生金、銀及外國貨幣；(十)辦理國內外匯兌，及發行本票；(十一)以生金、銀爲抵押之放款；(十二)以國民政府發行或保證之公債庫券爲抵押之放款，其金額期限及利率，由理事會議定之；(十三)政府委辦之信託業務。至中央銀行之組織，於總裁之下，設發行及業務兩局。二十一年八月，因匯兌業務日繁，另設匯兌一局。至二十三年一月，復將該局併入業務局辦理，而另設國庫局。二十四年十月，又有信託局之成立，業務進展，於此可見。

乙、特許銀行　吾國經政府特許設立之銀行有二：一爲中國銀行；一爲交通銀行；中國銀行爲政府特許設立之國際匯兌銀行，而交通銀行則爲政府特許設立之實業銀行。中國銀行原爲前清之大清銀行所改組。民國元年，政府主張將大清銀行清理由財政部另撥資本實行改組。因有中國銀行成立，其大清銀行商股、商存，由中國銀行擔負，分期償還。是年另訂中國銀行章程，設總行於北平，遍設分支行於各省都會及重要商埠，有代理國庫發行鈔票之特權，並陸續召集商股，惟爲數不多，迄民國五年爲止，因國家日趨統一，財政狀況漸佳，故中國銀行營業極爲發達。五年春間，袁世凱稱帝，反對蠭起，統一之局，遽爾破裂，是年五月，北京政府有停止兌現之亂命，中國銀行上海分行，不肯奉行，組織股東聯合會，與上海紳、商各界合作，維持兌現。民國六年，修改條例，除官股外，並擬招足商股一千萬元；十年，增收商股，官股亦次第改爲商股，已收股本達一千九百餘萬圓，是時中國銀行蓋已漸入鞏固地位。惟自中央銀行正式成立後，中國銀行，已失去其固有之地位；十七年，因改訂條例，將總管理處遷移上海，同時加入官股五百萬元，合商股共爲二千五百萬元，並明定該行爲國際匯兌銀行，受政府委託，得辦理下列各項事務：（一）代理政府發行海外公債及經理還本、付息事宜；（二）經理政府存在國外之各項公款，並收付事宜；（三）發展及扶助海外貿易事宜；（四）代理一部之國庫事宜，並仍有發行兌換券之特權。條例中規定中國銀行營業種類，其第一項卽爲：『國內外匯兌，及貨物押匯。』至二十四年三月，財政部修改中國銀行章程，增加官股一千五百萬元，合原股爲四千萬元，官、商各半。

交通銀行，原成立於前清光緒三十四年，由官、商合辦，定股本總額爲庫平銀一千萬兩，先收五百萬兩，總行設於北平，分支行遍設各地，其營業除管理當時交通部所轄之路、電、郵、航四政收付外，得受政府之委託，分理國庫及受政府之特許，發行兌換券，且得營國內外匯兌及跟單押匯，幾與今日新條例下之中國銀行立於同等地位。故自中國銀行新條例頒行後，國府隨有交通銀行新條例之公布，並明文規定：『交通銀行經國民政府之特許爲發展全國實業之銀行。』其特權凡五：（一）

代理公共實業機關發行債票，及經理還本付息事宜；（二）代理交通事業之公款出入事項；（三）辦理其他獎勵及發展實業事項；（四）經理一部分之國庫事項；（五）經財政部之特准得發行兌換券。新條例更明定設總行於上海，改股本總額爲國幣一千萬元，由政府認股二成，餘作商股。二十四年四月，財政部修改交通銀行章程，定資本總額爲二千萬元：官股占一千二百萬元，商股占八百餘萬元。

丙、省立銀行　省立銀行爲各省政府所設立，以處理全省之金融，如山西之山西省銀行、山東之山東省民生銀行、四川之四川地方銀行、江蘇之江蘇銀行、河北之河北省銀行、浙江之浙江地方銀行、陝西之陝西省銀行、湖北之湖北省銀行、湖南之湖南省銀行、安徽之安徽地方銀行，雲南之富滇新銀行、寧夏之寧夏省銀行、廣西之廣西銀行、廣東之廣東省銀行等均是。

丁、市立銀行　市立銀行，爲各市政府所設立如：上海之上海市銀行、南京之南京市民銀行、南昌之南昌市立銀行、廣州之廣州市立銀行等均是。其資本大都全部爲市政府所籌撥，惟間有一部爲商股者。至其營業範圍，則除普通銀行一般業務外，亦每有其獨具之業務如：（一）代理市政府發行債票及還本付息；（二）保管市屬各機關或公共團體之財產及基金；（三）辦理貧民借本事項；（四）代理市金庫；（五）發行兌換劵等是。

戊、商業銀行　商業銀行，以調劑商業資金爲其主要任務，金融藉以週轉靈通，商業賴以日臻隆盛，如吾國成立最早之中國通商銀行、吾國商辦銀行中規模最大之上海商業儲蓄銀行、唯一以女子爲中心之上海女子商業儲蓄銀行等。從數量言，實占全國銀行之半數，爲銀行業之中堅。

己、儲蓄銀行　儲蓄業務，大都爲各商業銀行所兼營，其專營儲蓄，或以儲蓄爲主要業務者，爲數不多：如杭州之浙江儲蓄銀行、上海之新華信託儲蓄銀行、惠豐儲蓄銀行、福州之華南儲蓄銀行、嵊縣之嵊新地方儲蓄銀行等均是。

庚、實業及農工銀行　實業及農工銀行，其業務偏重於實業及農工之放款。此項銀行，在吾國爲數亦多。其以實業爲目標者，如中國實業銀行、浙江實業銀行；其以農工爲對象者，如中國農工銀行、河南農工銀行、青島市農工銀行；其純粹農民銀行如中國農民銀行、江蘇省農民銀行等是。

辛、專業銀行　專業銀行係側重一業之金融機關，如鹽業銀行之側重鹽業往來、上海煤業銀行之側重煤業往來、浙江典業銀行及松江典業銀行之側重典業往來、上海綢業銀行之側重綢業往來、廣州絲業銀行之側重絲業往來，均其實例。此種專業銀行，除與其有關之一業外，雖仍與外業往來，然其主要營業，則特一業爲依歸，是亦吾國銀行業之特色也。

壬、華僑銀行　華僑銀行，大致爲華僑富商所創辦。如中南銀行，則大部營業均在國內。如中興銀行，則注重菲律濱僑商之往來，而設總行於馬尼拉。如四海通銀行，則注重新加坡，而於香港及緬略，均有分行。華僑銀行總行亦設新加坡，而於上海及南洋各地，遍設分行。

第二款　錢莊

辛亥革命之時，因時局之震撼，元氣斲傷，上海錢莊，在此一時期，最爲困難也。民國元年正月之南北市錢莊，有二十四家，卽南市之安康、乾元、義昌、源昇、衡九、元春、聚生、元昌、安裕；北市之福康、豫源、賡裕、承裕、恆祥、永豐、存德、元甡、兆豐、怡大、恆興、瑞昶、鼎康、同餘、彙康。從民國元年至民國十年，由二十餘家至七八十家。民國十年，上海發生信託公司與交易所風潮，停業者五家。十三年，錢業家數達八十九家，是年停業者十三家。十六年停業者五家，二十三年停業者七家。民國以來，錢莊在金融市場，佔絕大優勢，雖銀行林立，仍未稍移其地位，以地產價格之日騰，致其後盾日益堅固，匯劃莊本票流通，力量與現金相等，中外商人，無不信仰。及民國十七年，裕大莊倒閉，衡餘、元甡，相繼停業，莊票信用，大受打擊。但以其時適值國內匪禍紛擾，資本奔投上海，遊資充溢，地價高騰，錢莊業正值繁榮時期，故雖曾經一度挫折，終歸勝利。民國二十年間，全市錢莊竟達八十家。（以匯劃莊計）一二八以還，繁榮之基礎均遭打破，固有之地位逐漸見動搖，至去歲僅存六十五家，資本總額二千○七十萬○二千元，繼而清理者又十家，甚至更有新組尚未開幕而告崩潰者；今年所存僅五十五家，資本總額一千九百三十八萬二千元，其衰落之速率，及不景氣之情形，可見一斑。因此今日莊票信用，遂與前迥異。因工商衰落，信用放款緊縮；抵押放款，亦因物價下跌關係，莫能發展；更因銀行勢力極度擴張，信用漸堅，利息較厚，遂使錢莊營業艱難，利潤驟減，錢業界若不設法自救，恐數年之後，不能立足金融市場，蹈票號之覆轍也。

第三款　信託公司

我國信託事業，權輿於民國十年。惟當時爲一時投機所衝動，而無眞正信託之基礎。溯民國十年之時，上海一區，交易所之先後成立者，百數十家；香煙、燭皂、煤油、火柴、無一不有交易所；又有夜市交易所、星期日交易所，包羅萬象光怪陸離，而同時信託公司，亦突飛猛進，不數月間，如中國商業、上海運駁、大中華、中央、中華、中外、中易、通商、通易、神州、上海、華盛等信託公司，蓬出勃發，羣以資本雄厚相號召，大則千餘萬，小亦數百萬。當時信交狂熱，不僅上海一埠爲然，北平、漢口等處，均步上海之後塵，然不旋踵而交易所首先失敗，信託公司亦相繼倒閉，演成信交風潮；不捲入旋渦者，僅中央信託公司（卽今日中一信託公司）與通易信託公司兩家而已。蓋當信交風潮之際，一般信託公司之設立，極少社會經濟之基礎，而僅爲投機之利器，計劃既鮮遠謀，經營亦乏穩定，籌設未竣，卽以本公司之股票投機買賣，從中漁利，一面既以本公司之股票作交易所之投機品，一面以交易所之股票抵押借款於公司，又難免交易所之操縱。交易所一經失敗，信託公司卽隨之以俱逝，且持有公司之股票者，亦惟知乘機出售，攫取利益，毫無永久保持之意，於是股東朝易暮更，公司無負責之人，此當時信託公司之所以失敗也。民十以後，信託事業，慘淡經營，事業既入正軌，擴展時有新猷。民國十七年以後，添設之信託公司，有如國安、中國、上海、恆順、東南、通滙、和昆、中級等各信託公司，皆係後起英倓。各大銀行如：中國、交通、上海、國華、新華、大陸、浙江、實業、浙江興業等銀行，亦各有信託部之專設。官立之信託機關，二十二年十月有上海市興業信託社之創設，係上海市政府所辦；二十四年又有中央信託局之開業。惟此二家官立信託機關，雖其成立之目的，初爲經營公家之事業，然觀其營業範圍，亦擴充服務於一般民衆。且中央信託局之成立，將爲全國信託界之領袖。茲將各信託公司之資本列表如左：

牌號	資本總額	實收資本
中央信託局		一〇、〇〇〇、〇〇〇元
中一信託公司（原名中央信託公司）		三、〇〇〇、〇〇〇元
上海市興業信託社		一、五〇〇、〇〇〇元
上海信託公司		一、〇〇〇、〇〇〇元
東南信託公司		一、〇〇〇、〇〇〇元
恆順信託公司		七五〇、〇〇〇元

國安信託公司		五〇〇、〇〇〇元
通匯信託公司	一、〇〇〇、〇〇〇元	五〇〇、〇〇〇元
和昆信託公司		五〇〇、〇〇〇元
中國信託公司	一、〇〇〇、〇〇〇元	四八〇、〇〇〇元
廣東信託公司	一、〇〇〇、〇〇〇元	二七七、三〇〇元
中級信託公司		一〇〇、〇〇〇元
重慶信託公司		一〇〇、〇〇〇元

上列各信託公司，實收資本合計達二千一百餘萬元，各銀行之信託部，或有劃分資本，或未劃分資本，總之，皆以各銀行原有之實力與信用爲後盾，可見現在吾國信託公司之地位，雖尚未能與其他金融機關並駕齊驅，而近年以來，進步亦甚銳速；雖二十三年一年中有東方信託公司與華僑信託公司兩家之倒閉，二十五年中有通易信託公司之破產，而信託本業不受其影響。近年信託本業之發展進行，不遺餘力，雖各家營業範圍，各有不同，業務上注重之點，亦各家互異，而各家精神團

結，頗有顯著之進步也。

第四款　郵政儲金匯業局

郵政儲金，創辦於民國八年，當時係由郵局兼辦。民國十九年時，制度略有變更，由交通部將儲金、匯兌兩部分劃外，設立郵政儲金匯業總局，專責辦理儲金、匯兌業務，限額以一元起即可開戶，最高額私人限定三千元，團體限定四千元，全國七百餘郵區，辦理儲金。該局最近統計，儲戶計二十萬以上，儲金總數五千餘萬元。至郵政儲金匯業局辦理國際匯兌，計二十二年度開發款數一百五十一萬八千八百八十元零五分，兌付款數一百九十三萬八百四十六元二角五分；二十三年開發款數一百五十八萬二千一百九十元〇〇九分，兌付數二百三十二萬八千八百九十七元三角六分；二十四年上半年度自七月份起至十二月份半年中，開發款數七十萬〇六百七十一元，兌付數一百二十八萬五千三百零九元。現國內郵匯區域，業經交部擴充至一百七十餘處，可直接與英、法、美、比、德、日及波蘭、丹麥、印度等二十餘國通匯。

第九節　廢兩改元之成功

民元以後，各界會議實行廢兩改元，而因商界習用已久，未能實現。至二十一年秋，財政部屢經與滬上銀、錢兩界商議，並組織廢兩改元研究會，決定廢兩改元之方案。二十二年三月十日，定規元七錢一分五釐合銀幣一元，爲一定之兌換率，廢止銀兩，同時頒布銀本位幣鑄造條例，定銀本位幣總重二六・六九七一公分，銀八八，銅一二，含純銀二三・四九三四四八公分，同年四月五日，財政部布告謂：「茲定四月六日起，所有公私款項之收付，與訂立契約票據，及一切貿易，須一律改用銀幣，不得再用銀兩，其在是日以前，原訂以銀兩爲收付者，在上海應以規元銀七錢一分五釐折合銀幣一元爲標準，概以銀幣收付。如在上海以外各地方，應按四月五日申匯行市，先行折合規元，再以規元七錢一分五釐折合銀幣一元爲標準，概以銀幣收付。其在是日以後，新定契約票據與公私款項之收付，及一切貿易，而仍用銀兩者，在法律上爲無效。至持有銀兩者，得依照銀本位幣鑄造條例之規定，請求中央造幣廠代鑄銀幣，或逕交就地中央、中國、交通三銀行代兌銀幣行使，以資便利。」

又令海關自四月六日起，除中央造幣廠廠條外，所有可供鑄幣銀類運送出口者，徵稅百分之二·二五以示限制，而保幣材。上海市商會、銀行業同業公會、錢業公會，自奉命後，均通告同業遵辦。天津、漢口等地之商會、銀錢兩業公會，亦均遵照部令辦理。上海外商各銀行之存戶，初尚忸積習，不願改作洋戶，繼經洋商銀行公會議決，規定銀戶至六月三十日爲止，過期以後，如仍願繼續者，概不計息。自此以後，洋商銀行，亦均廢兩矣。

第十節　法幣政策之實施

自近來世界經濟恐慌，各重要國家相率改定貨幣政策，不許流通硬幣。白銀價格劇烈變動以來，我國以銀爲幣，遂至大受影響。國內通貨緊縮之現象至爲顯著；因之工商凋敝，百業不振，而又資金源源外流，國際收支大蒙不利，國民經濟日就萎敗，種種不良狀況，紛然並起。計自民國二十三年七月至十月中旬三個半月之間，白銀流出凡達二萬萬元以上。設當時不採有效措施，則國內現銀存底必有外流罄盡之虞。財政部特於二十三年十月十五日施行徵收白銀出口稅，兼課平衡稅，藉以制止資源公開外溢，保存國家經濟命脈，緊急危機，得以挽救。顧成效雖已著於一時，而究非根本辦法。況近來國內通貨益加緊縮，人心恐慌，市面更形蕭條，長此以往，經濟崩潰，必有不堪設想者。國民政府爲努力自救，復興經濟，必須保存國家命脈所繫之準備金，以謀貨幣金融之永久安定，於是參照近今各國之先例實施法幣政策。茲述其辦法如左：

一、自本年十一月四日起，以中央、中國、交通三銀行所發行之鈔票，定爲法幣，所有完糧、納稅、及一切公私款項之收付，概以法幣爲限，不得行使現金。違者全數沒收，以防白銀之偷漏。如有故存隱匿，意圖偷漏者，應準危害民國緊急治罪法處治。

二、中央、中國、交通三銀行以外，曾經財政部核准發行之銀行鈔票，現在流通者，准其照常行使，其發行數額卽以截至十一月三日止流通之總額爲限，不得增發。由財政部酌定期限，逐漸以中央鈔票換回，並將流通總額之法定準備金，連同已印未發之新鈔，及已發收回之舊鈔，悉數交由發行準備管理委員會保管。其核准印製中之新鈔，並俟印就時，一併照交保管。

三、法幣準備金之保管，及其發行收換事宜，設發行準備管理委員會辦理，以昭確實，而固信用。

其委員會章程另案公布。

四、凡銀錢行號商店，及其他公私機關，或個人持有銀本位幣或其他銀幣、生銀等銀類者，應自十一月四日起，交由發行準備管理委員會或其他指定銀行兌換法幣。除銀本位幣按照面額兌換法幣外，其餘銀類各依其實含純銀數量兌換。

五、舊有以銀幣單位訂立之契約，應各照原定數額於到期日概以法幣結算收付之。

六、爲使法幣對外匯價，按照目前價格穩定起見，應由中央、中國、交通三銀行，無限制買賣外匯。

以上辦法，實爲復興經濟之要圖，並非以運用財政爲目的。即中央銀行之組織，亦將力求改善，以盡銀行之銀行之職務。其一般銀行制度，更須改革健全，於穩妥條件之下，設法增加其流通性，俾其資金充裕後，得以供應正當工商企業之需要，並將增設不動產抵押放款銀行，修正不動產抵押法令，以謀地產之活潑。現經財政部切實籌劃，不日呈准次第實行。

民國二十五年五月十七日，財政部宣言謂：『自上年十一月三日公布法幣政策，經政府積極施行，半年以來，國外匯兌已形穩定，國家經濟及人民生活，亦臻順適。茲根據過去經驗，並審討國內外金融現況，規定施行事項於下，以謀金融之安全，而增法幣之保障：(一)政府爲充分維持法幣信用起見，其現金準備部份，仍以金、銀及外匯充之內白銀準備最低限度，應佔發行總額百分之二十五；(二)政府爲便利商民起見，即鑄造半元、一元銀幣，以完成硬幣之種類；(三)政府爲增進法幣地位之鞏固起見，其現金準備業已籌得鉅款，將金及外匯充分增加。依據上項規定，我國幣制，自應保持其獨立地位，而不受任何國家幣制變動之牽制。法幣地位，既臻穩固，國民經濟，常趨繁榮，此堪深信者也。」

自中央、中國、交通三銀行鈔票，指定爲法幣，中國農民銀行鈔票，特准與法幣同樣行使後，其他各發行鈔票銀行準備金，一律歸發行準備管理委員會接收。今中央、中國、交通三行法幣，應市面需要，隨時發行，至八月底截止，中央爲三萬○五百九十五萬五千三百七十五元，中國爲三萬六千七百四十二萬五千八百九十五元，交通爲二萬○六百四十七萬六千四百五十一元，至於中國農民銀行鈔票總額爲一萬萬元。惟浙江興業、中國實業、中國農工、中國通商、中國墾業、浙江地方、四明、農商、中南等九家銀行，以前所發鈔票，業經發行準備管理委員會逐漸收回，目前流通市面者，爲數不多，再經過相當時期，便可完全收回。並俟中央銀行改組爲中央準備銀行後，專門經營國庫，保管各銀行之準備金，收存一切公共資金，供給各銀行再貼現之便利，不再經營普通商業銀行業務，於二年以後，享受發行專權。關於輔幣券之發行，由省立銀行辦理，如浙省浙江地方銀行、江蘇之江蘇農民銀行、皖省之安徽地方銀行、贛省之江西裕民銀行等是。

第十一節　全國交通狀況

第一款　鐵道

我國現有鐵道共三十四線，關外之瀋海、奉山、吉海、四洮、洮昂、吉長、吉敦、齊克、呼海等九線，自九一八事變後，已由南滿鐵路代營。中東、南滿、滇越等三線，爲外人所經營。箇碧、潮汕、漳廈、新甯、川北等五小線，純爲民營。新築之淮南、江南、浙贛等三線，則爲半官半商性質。原有各大幹線，幾全爲國有、國營，內計有平漢、北甯、津浦、京滬、滬杭甬、平綏、正太、道清、隴海、廣九、湘鄂、膠濟、南潯、廣韶等十四線，其中北甯一線，原稱京奉，現關外一段，已改爲奉山，故現有路線，僅北平至山海關間之關內一段而已。湘鄂與廣韶二線，原爲粵漢之南北段。現全線工程告竣，已行通車，仍爲粵漢一線。道清一線已經鐵道部改爲平漢支線，故全國國有鐵道之名稱，成爲十二線矣。

第二款　公路

我國古代道路，素稱發達，尤以北方一帶，少長江大河，以爲轉運之工具者，莫不惟道路是賴。且代有路政專官，以司其事。自清末廢驛郵之制，道路遂告失修。迨汽車輸入中國後，舊有道路，概不適用，於是乃有改築新式道路之議。民國二年，湘省修築長沙至湘潭之軍用路一段，是爲我國新式道路之始。六年，張家口、庫倫間創大成汽車公司，行駛汽車，是爲我國長途汽車之始。七年，交通部頒布長途汽車公司條例十七條，及發給執照規則十三條，是爲我國新式路政制度之始。十七年，交通部以蘭州爲中心，有經四緯三道路計劃；十八年，鐵道部有十二國道計劃，均因種種關係，未能切實執行。規劃及建築事宜，仍隨各地方之需要，由各省自行辦理，而無整個之方針。茲據全國道路建設協會之統計，民國十六年至二十年間，由二萬九千公里增至六萬六千公里以上。由民國十年至二十四年之公路數字如下：

全國公路年別統計

年份	通車公里數	增加公里數
民國十年	一、一八五	六、八一五
十一年	八、〇〇〇	五、六一一
十二年	一三、六一一	二、三八九
十三年	一六、〇〇〇	七、三〇三
十四年	二三、三〇三	二、八〇三
十五年	二六、一一一	三、〇五九
十六年	二九、一七〇	一、三八〇
十七年	三〇、五五〇	三、八九四
十八年	三四、四四四	一二、二二二
十九年	四六、六六六	一九、四四五
二十年	六六、一一一	一四、七五八

二十一年	八〇、八九九	一七、二六二
二十二年	九八、一六一	九、四三〇
二十三年	一〇七、五九一	
二十四年	一二八、五〇〇	二〇、九〇九

上表中之公路里程，雖大有增加，然省與省間，殊少聯絡，至未能充分發揮公路之效用。且築成路線，有不能維持而任其破壞者，更不經濟。二十一年五月，國民政府設全國經濟委員會，以促進經濟建設爲主要使命，成立伊始，首卽商請蘇、浙、皖三省及京、滬二市，組織五省市交通委員會，着手整理及興築五省市之聯絡公路網，分爲京杭、滬杭、京蕪、杭徽、蘇嘉、宣長等六線，線長一千零四十三公里，內已成者爲五百三十八公里，未築者亦於二十二年全部完成，因此而能互通汽車之公路，達二千餘公里。先是二十一年十一月軍事委員會爲軍事運輸關係，特在漢口召集蘇、浙、皖、贛、湘、鄂、豫七省公路會議，議定七省聯絡公路路線，由經濟委員會負責督造，於是我國公路之建築，乃進入一突飛猛進之新時代，除擬定幹線十一，支線六十，總長二萬四千餘公里外，並決定築路養路原則八條。

二十二年，閩變平定後，該省公路二千六百公里亦加入督造範圍內，遂有今日八省聯絡公路之稱。二十三年，經濟委員會復直接興築西北公路，計長二千五百公里，於是督造公路總計增至二萬九千公里，經三年之努力已完成通車二萬公里。正在建築中者，有三千五百公里，未施工者，僅五千五百公里。

第三款　郵政

我國近年以來，擴展郵路，多設局所，不但通商大埠、省市、縣城，設局通郵，卽較大之集鎮，皆設立代辦所，鄉村之間，亦設立信櫃。又不但通都、大邑、內省腹地，儘量推行，卽邊遠地方，如蒙古、寧夏、新疆、青海、西康、西藏等處，亦均積極擴展。據郵政總局統計，截至民國二十四年年底，全國計有郵政管理局二十二所，一等郵局三十所，二等郵局八百一十九所，三等郵局一千三百〇三所，郵政支局二百九十五所，郵政代辦所一萬零一百八十三所，城邑信櫃八千四百九十三個，村鎮郵站二萬三千七百三十五處。全國郵路，計長五十五萬餘公里。郵局運送郵件，採用最敏捷之方法。從前郵差步行之郵路，現多改騎自行車；通汽車之處，卽改用汽車裝運；通輪船之處，卽改用輪船裝運；通火車之處，卽改用火車裝運；近更開辦航空郵遞，用飛機裝運。以前收寄快信之郵局，全國祇有九百餘處，自二十三年十月起，開辦平快信，只於平信郵資之外，加費五分，使全國郵局一律舉辦。以前包裹，一律由重班寄遞，到達之時間，比信件爲遲。凡交寄有時間性之包裹者，感覺不便。現已另訂辦法，將包裹重量在一公斤以內，長寬不逾九十公分者，作爲小包郵件，與信件一同運送。輪船、火車、汽車及航空通道之處各局所，皆可收寄使包裹寄遞，亦能迅速。郵局匯款，與社會金融，大有利益，因偏僻縣分，鄉村集鎭，無錢莊及銀行，匯兌款項，極爲不便，郵局或郵政代辦所，則到處皆有，隨時隨地，皆可匯兌，社會金融，賴以活動，其有益於一般民衆，不待言矣。以前通匯地方不多，匯款限制頗嚴，自民國十九年開辦郵政儲金匯業局以來，匯兌業務，大加擴充，既將辦理匯兌局所增多，並將各局開發匯票款額提高。又爲偏僻地方向通商大埠購貨便利起見，准各代辦所均得開發匯票至上海，亦得與其鄰近郵區局所通匯。我國郵政儲金創始於民國八年，其初僅有存簿儲金一種，至民國二十年，國民政府公布郵政儲金法，定爲存簿儲金、支票儲金、定期儲金、劃撥儲金四種。儲金存戶、儲金數目，歲有增加，至民國二十四年，儲金存戶約有二十萬戶，儲金總數約達四千萬元左右，蓋因郵政儲金，係以郵政全部財產作擔保，儲金運用，又極謹愼，其信用最爲穩固，故民衆皆樂於存儲。又郵局於民國二十四年舉辦簡易人壽保險，是爲中下級人民謀經濟之保障，兼有養成儲蓄習慣之意。因平民以其辛勤所得，汗血之資，零星儲蓄，備爲身後或子女教養之費用，若無穩定機關，代爲經管，則不能堅其積久儲蓄之恆心。郵局代爲經管，人人認爲穩妥，保費又極低廉，手續尤爲簡易，於中下級人民經濟，裨益良多。去年已開辦上海、南京、漢口三處；江蘇、安徽、江西、湖北、湖南等省，亦定於本年三月一日開辦；將來再逐漸推行於全國。

第四款　電政

電政包括電報、電話兩種：電報又分爲有線電報，及無線電報。電話又分爲市內電話及長途電話。茲分別言之：

第一、有線電報　有線電報、歷史最久，範圍亦最廣，全國電報局所截至民國二十四年，總共一千三百九十四處，內有電報局九百七十二所，營業處二百七十七所，代辦處一百四十五所。我國土地廣闊，此一千三百餘處電報局所，自不足以言普遍；但無電報局所之處，亦有補救辦法，使其同樣能通電報。一爲郵轉電報，凡無電報局而有郵局地方，郵局皆可收發電報，以迅速方法，代爲轉寄。二爲鐵路經轉電報，將車站報房與電報局接線通報，凡無電報局而有車站報房地方，車站報房亦可收發電報，均能補救不足。所以祇須收受電報者有確實地址，卽有應用電報之便利。

第二、無線電報　無線電報，在革命軍北伐之時，始爲電信界所注意。歷史雖短，而發展程度異常迅速，現在部辦之無線電臺，全國已有六十三處。國內各大都市均有設立，無線電報之利用，在邊疆及國際方面，效用尤爲明顯。

第三、市內電話　辦理市內電話，現有三十二處。採用自動機者，有南京、天津、青島、武漢、上海五局；採用共電式機者，有北平、吳縣、鎭江、南昌、長沙、長安六局；採用磁石式機者，有煙臺、太原、蕪湖、江都、清苑、九江、蚌埠、沙市、鄭州、洛陽、楡次、安陽、威海衞、潼關、東臺、宜昌、龍口、蘭州、成都、銅山、大同等二十一局；總計現裝容量有六萬九千五百餘號，現用號數約五萬號。至民營電話公司，現經交通部核准立案者，容量約有兩萬號，以磁石式機居多。

第四、長途電話　我國對於長途電話，從前尙少注意，最近爲適用需要，努力建設，已有相當發展。總計全國通話處所有六百處左右，話線已有九千二百餘公里，報話合用之線路，尚不在內。不過我國現有長途電話，通話範圍尚不能過遠，其效能不能充分表現。

第五款　航政

根據最近調查，現在航行我國沿海及內河各航線之輪船，約有一百二三十萬總噸。但曾經在交通部註册之本國輪船，截至二十三年年底止，僅有六十六萬七千九百三十總噸，且強半爲數十噸之小輪船。至於外國輪船，在我國沿海及內河各航線行駛者，約有五十二萬二千餘噸，而總噸數在三百噸以下之輪船，尚不在內。又外國輪船公司之資本雄厚，其船隻之購造、公司之管理，均較我國優良，所以在營業方面，不易與之競爭也。

第一、國營招商局狀況　招商局爲我國較大之航業機關，有攸久之歷史，惜歷年辦理腐敗，以致營業不振，負債累累。民國二十一年收歸國營，以政府力量加以整理，惟積弊已深，整理不易耳。

第二、民營航業狀況　現今我國民營輪船，雖有五十多萬總噸，但規模較大之公司，僅有二十餘家，其餘大都僅有一兩艘輪船之小公司而已。其中規模最大者，爲三北輪船股份有限公司、政記輪船股份有限公司、及民生實業股份有限公司等。三北公司成立於民國三年，有輪船二十餘艘，共三萬一千餘總噸，航線遍南北洋及長江，公司資本達二百萬元，在近年航業衰落狀況之下，營業尚有盈餘。政記公司，成立於前清光緒三十一年，民國九年改組，公司設於煙臺，爲經營我國沿海航線之航業機關，現有輪船二十五艘，共三萬一千餘總噸，公司資本二百五十萬元，營業尚佳，惟近年因處於特殊情形之下，北洋營業，大受影響。民生公司，於民國十四年成立，其營業範圍，注重川江及長江中下游，現有輪船二十餘艘，公司資本一百萬元，營業發達，可謂我國民營航業後起之秀。此外如寧紹商輪股份有限公司、肇興輪船股份有限公司、鴻安商輪股份有限公司、大達輪船股份有限公司、達興商輪股份有限公司等，資本有三十萬元至一百五十萬元不等。

第六款　民營航空

民用航空，爲一種新興之交通事業，歷史甚短。我國北京政府於民國十年，設立航空署，開辦北京、濟南間定期航班，實行載客、運郵，未幾卽行停辦。直至國民政府成立以後，民國十八年，始與美商航空公司合資，設立中國航空公司，開辦南京至上海之京滬航班。民國十九年，交通部又與德商漢沙公司合資，設立歐亞航空公司，籌辦上海、柏林間直達航線，與中國航空公司分途發展。至民國二十三年，兩廣又設立西南航空公司，故現在我國共有三個航空公司，即中國航空公司、歐亞航空公司、西南航空公司是也。西南航空公司，開辦不久，僅有廣龍、廣瓊南兩條航線，共長一千五百零三公里。茲將中國、歐亞兩航空公司之航線、營業、各種狀況，分別說明於下：

一、航線狀況　中國航空公司，自民國十八年起，至民國二十四年，陸續開闢航線五條：一為滬蜀線，自上海至成都，長一千九百八十一公里；二為滬平線，自上海至北平，長一千一百九十七公里；三為滬粵線，自上海至廣州，長一千六百二十三公里；四為渝昆線，自重慶至昆明，長七百五十五公里；五為廣河線，自廣州至河內，長八百三十五公里。共長六千三百九十一公里。歐亞航空公司，自民國十九年起，至民國二十四年，陸續開闢航線四條：一為滬新線，現由上海通至蘭州，長一千八百六十公里；二為平粵線，自北平至廣州，長二千零五十公里；三為蘭包線，自蘭州至包頭，長八百二十八公里；四為陝蓉線，自陝西至成都，長六百公里。共長五千三百三十公里。三公司航線合計，共長一萬三千二百二十四公里。自十九年起，每年增闢航線，約二千公里。現仍繼續增闢，在不久之將來，全國各重要城市均可有載客、運郵之飛機出現。

二、營業狀況　民用航空之業務：一爲運郵；二爲載客。查民國十九年，全國航空郵件，約重二萬六千公斤。二十三年，約重五萬六千公斤，計增一倍以上。二十四年七月至十一月四個月，航空郵件，共重二萬零五百公斤以上。以此推算，較二十三年同期之數，增加百分之十，較十九年同期之數，增加百分之一百五十七強。至於乘坐飛機之旅客，民國十九年爲二千九百一十五人；二十三年爲七千六百三十三人；二十四年七月至十一月四個月，爲五千四百六十一人。依此推算較二十三年增加百分之一百十五，較十九年增加百分之四百六十以上。若就營業收入而論，民國二十四年七月至十一月四個月，共收九十八萬元，較二十三年同期收入增加百分之四十五，較十九年同期收入增加百分之四百七十。由是可見我國民用航空之營業，逐年發達，進步甚速。

第十二節　海外華僑現狀

第一款　華僑經濟發展之基礎

華僑向外經濟之發展，多係採取漸進之步驟，由勞動者而小商人，以至於企業家，其經濟發展之基礎，頗爲強固，實非短期間所能建立。南洋華僑能造成今日之堅強基礎者，非一朝一夕之事。華僑初至南洋時，多胝手胼足，節衣縮食，及至略有蓄積，然後經營小商業，漸至轉運土產，售與歐人，或爲歐人經紀，販貨與土著，於是造成仲介商人之地位。

第二款　華僑投資之類別

南洋爲華僑經濟發展最繁盛之區，華僑之投資額，雖尙無準確之統計，但華僑在砂糖、米、及錫三大企業上所投資之數額，實占優越地位。玆將世界各地華僑主要之營業列舉於左，就其地方類別，亦可略覘華僑在世界各地經濟活動之梗概。

一、暹羅華僑主要之營業，爲碾米、鋸木等業。

二、越南華僑主要之營業，爲碾米、藥材、棉業、樹膠園、及雜貨館等。

三、荷屬東印度、英屬馬來亞兩屬華僑之營業，極爲普遍，舉凡黃梨、錫鑛、膠園、椰乾、椰油、煙葉、典當，以及各種市場營業、各種勞動工作。除金融機關大經營外，華人皆居重要地位。

四、緬甸與菲律濱二屬，則以經商爲多。
五、日本華僑之主要職業，爲洗衣工、理髮匠、菜館、及小販等。
六、朝鮮華僑主要職業工則鑛、木兩方，商則綢緞、夏布莊、及餐館等。
七、臺灣華僑遍地皆是，故職業不勝枚舉。
八、亞俄華僑之營業及工作，與朝鮮各地略同。
九、美洲方面，在南美則多從事農業工作，北美方面則以洗衣及餐館兩業爲最盛，亦有在工廠及鑛地作工者。
十、歐西諸國，則以業水手者爲最多，而雜貨店、古玩鋪、磁器鋪、餐館等，亦有人經營。

第三款　華僑在海外之地位

華僑在南洋有一特殊之經濟地位，即仲介人之地位是也。緣南洋土人之知識幼稚，缺乏經營能力，故不與歐西人直接貿易，華僑乃爲之溝通兩者間之貿易往來，形成一種仲介人之地位。華僑之中、小商人可以在南洋內地收集土人之生產品，集成巨批，以轉售於歐西人之手。另一方面則批發歐西之商貨以轉售銷於土人。

華僑之企業組織，既屬幼稚，且又無投資於大企業之知識，以故經濟之地位，仍不能與歐西人之經濟地位分庭抗禮。至於南洋以外世界各地之華僑，則更不過執勞動之業，或執技術職工（理髮匠、洗衣作等）之業，或開食鋪，經濟之地位，更屬微小。華僑經濟，既多係仲介人及中、小商人性質，勢必因土人經濟能力薄弱，華僑始得代其經營，從而致富。故在南洋蘇門答臘之馬來人、法屬越南北部之東京人、安南人、及緬甸人區域，其能力較爲優秀，故華僑在該處經濟之發展，遠不若爪哇、菲律濱羣島、馬來半島、及暹羅之大。且在南洋各地，有一種印度人屬於亞剌伯系之回教徒，此等人頗富經濟能力，蓋亦專門從事於中、小以下之商業者，此等人盤踞之所，往往爲華僑經濟發展之勁敵。

至於南洋以外各地之華僑，多屬勞工，或營餐館雜貨店理髮所等。又華僑在海外之經濟活動各地，多仍保持一種半封建性質，故多在不動產及裝飾品上投資。此外，則多以資金存於銀行中取息，否則卽投資於種種投機交易，且稍有積蓄，卽思回國作富翁；具有商識者，百不得一，宜其不得爲更進一步發展也。

第四款　華僑之分布地點

就華僑現狀之分布而論，在日本則集中於東京、橫濱、大阪、神戶、長崎等處。在朝鮮則集中於漢城、仁川、平壤等處。臺灣則僑民與居民無分；西伯利亞，則集中於黑龍江下游一帶；印度、暹羅、緬甸，則集中於加爾各答、盤谷、孟買、仰光等地；越南華僑以海防隄岸爲多；馬來半島，則滿布全境；而新加坡、檳榔嶼、馬六甲、怡保、太平等地尤盛。荷屬東印度亦到處有華僑蹤跡，而爪哇之泗水、吧城、三寶瓏、西伯利亞之望加錫、婆羅洲之坤甸，及蘇門答臘之棉蘭、邦加等地，則幾盡爲華僑之世界。英屬婆羅洲，則集中於三打根、亞比文、萊古晉等；菲律濱，則集中於馬尼剌、三寶顏等。美洲方面，在合衆國則散布於西部之舊金山、屋克倫、砵倫、西雅圖與東部之芝加哥；在加拿大則以西部爲多，東部次之。溫哥華一埠，爲各地之冠。他如墨西哥，則散布於西北部。至歐西各地之華僑集中地，則爲英國之倫敦、利物浦、加的夫、愛丁堡，法國之巴黎、里昂、馬賽，德國之柏林、漢堡，荷蘭之鹿特丹，比利時之凡盎爾斯等。

第五款　華僑之人數

一、居於南洋各地者，計六、四四一、九〇〇人，暹羅二、五〇〇、〇〇〇人，英屬馬來半島一、八〇〇、〇〇〇人，英屬婆羅洲八八、〇〇〇人，緬甸三〇〇、〇〇〇人，菲律濱一六〇、〇〇〇人，荷屬東印度一、二三三、九〇〇人。

二、居於亞洲其他各國者，計三、八二九、六一四人，日本二八、〇〇〇人，朝鮮四一、六四〇人，臺灣三、四〇〇、〇〇〇人，西伯利亞及中亞細亞三四〇、〇〇〇人，印度二、〇〇〇人。此外居於香港者六一二、三一〇人，移居澳門者七四、〇〇〇人。

三、居北南美洲者，計三三〇、〇〇〇人，北美洲合衆國八五、〇〇〇人，加拿大五〇、〇〇〇人，墨西哥三〇、〇〇〇人，古巴及西印度諸國八五、〇〇〇人，居檀香山及紐約者約三〇、〇〇〇人，居南非聯邦及馬邦加斯等約一七、六〇〇人，居歐俄及歐西諸國共約三〇、〇〇〇人，澳洲及南太平洋羣島共四五、〇〇〇人，合計共一〇、七二四、一一四人。與香港、澳門之六八六、三一〇人合計之，則有一一、四一〇、四二四八人。

第六款　華僑匯款之總計

華僑匯款之多，首推香港，其次爲汕頭，再次爲廈門，國內其他地方之僑匯，數目極少。廣東之瓊州，每年約有華僑匯款自一百萬至二百萬元，此皆直接來自南洋，不經香港。又國人在歐洲各國輪船上供職者，大約每年稍有積蓄帶回，不過數目甚微耳。此外，山東、河北、浙江等處之僑民亦有少數匯款寄回，如果每年以五百萬元作爲三大僑匯中心以外地方之匯款數目，則過去五年，全國華僑匯款，當如下述：

年份	香港	汕頭	廈門	其他	總計
一九三一年	二五〇、〇〇〇、〇〇〇元	九四、二〇〇、〇〇〇元	七二、〇〇〇、〇〇〇元	五、〇〇〇、〇〇〇元	四二一、二〇〇、〇〇〇元
一九三二年	二〇〇、〇〇〇、〇〇〇元	七〇、七〇〇、〇〇〇元	四七、八〇〇、〇〇〇元	五、〇〇〇、〇〇〇元	三二三、五〇〇 〇〇〇元
一九三三年	一九〇、〇〇〇、〇〇〇元	六二、八〇〇、〇〇〇元	四七、九〇〇、〇〇〇元	五、〇〇〇、〇〇〇元	三〇五、七〇〇、〇〇〇元
一九三四年	一三七、五〇〇、〇〇〇元	四七、〇〇〇、〇〇〇元	四三、三〇〇、〇〇〇元	五、〇〇〇、〇〇〇元	二三二、八〇〇、〇〇〇元
一九三五年	二一二、〇〇〇、〇〇〇元	五五、〇〇〇、〇〇〇元	四四、〇〇〇、〇〇〇元	五、〇〇〇、〇〇〇元	三一六、〇〇〇、〇〇〇元

第十三節　商標之保護

我國在遜清光緒二十八年，已有組織商標局之動機，曾以上諭頒布商標法條文，但不久即行消滅。嗣復以各國商人常因商標在中國發生訴訟，無法解決，乃設商標備案組於農工商部，以一主事專任其事，於津、滬兩海關各設商標掛號分處，由海關職員兼任。民國十一年夏，農商部設立商標登錄籌備處，津、滬兩海關設籌備分處。民國十二年四月，商標法經國會通過，五月三日公布，十五日商標局正式成立。民國十六年，國民政府定都南京，成立全國註册局，內設商標註册課，辦理商標註册事項。十七年七月，接收前北京商標局各項檔案卷宗，同年十二月二十一日，商標局再改設專局，仍沿用舊商標法，隸工商部，并於上海設駐滬辦事處。十八年夏，復接收廣東建設廳及前大本營暨實業廳等經辦廣東商標註册案卷，全國商標行政，至此始告統一。十九年十二月，工商部改併實業部，商標局亦改隸實業部，并於二十年元旦日起改用十九年五月立法院通過之新商標法。二十年撤消駐滬辦事處，二十一年二月商標局遷滬，并於粵、漢、津、青、閩各埠設置專員辦公處，二十五年三月商標局遷京。

第十四節　商品之檢驗

實業部於民國二十一年十二月，頒布商品檢驗暫行條例，及商品檢驗局暫行組織條例，同時於滬、漢、青、粵、津各通商口岸，先後設置商品檢驗局，並於次要地點設分局或辦事處。對於主要出口貨物如棉花、茶葉及桐油等，均施行嚴格之檢驗，一部分進口貨物，最近亦已實行檢驗。

第十五節　度量衡制度之統一

我國度、量、衡向無一定之標準，紊亂異常。自度量衡法頒布後，（度量衡法民國十八年二月十六日國府公布十九年一月一日施行。）始歸統一。該法採用萬國公制爲「標準制」，並暫設輔制，稱曰「市用制」。標準制：長度，以公尺爲單位，一公尺等於公尺原器在百度寒暑表零度時，兩標點間之距離；重量，以公斤爲單位，一公斤等於公斤原器之重量；容量，以公升爲單位，一公升等於一公斤純水其最高密度七百六十公里氣壓時之容積，此容積尋常適用卽作爲一立方公寸。市用制：長度，以公尺三分之一爲市尺（簡作尺）；重量，以公斤二分之一爲市斤（簡作斤）；容量，以公升爲市升（簡作升）。一斤分爲十六兩，一千五百尺定爲一里，六千平方尺定爲一畝，其餘均以十進。

第十六節　民商統一法典之制定

我國清末有分訂民法法典與商法法典之議，民國成立，亦沿其說。國民政府立法院起草民法債編之始，對於民、商兩法應否合一，極費斟酌。十八年五月八日，立法院院長胡漢民、副院長林森有訂立民商統一法典之提案謂：『此次訂立法典，允宜考實際之狀況，從現代立法之潮流，訂爲民商統一之法典，其不能合併者，則分別訂立單行法規，以資通用，如公司法、票據法、海商法、保險法等是，如此則無論民、商同遵一法，既免法典條文之摻雜，更符本黨全民之精神。』中央政治會議，將該案交王寵惠、胡漢民、戴傳賢三氏審查，審查報告，亦韙其議。同年六月五日，中央政治會議第一百八十三次會議議決：『照審查意見，由立法院編訂民商統一法典，其不能合併者，如公司法、票據法、海商法、保險法等，則分別訂立單行法規。』民國十八年十月三十日公布之票據法（同日施行）、同年十二月二十六日公布之公司法（二十年七月一日施行）、同年十二月三十日公布之海商法（二十年一月一日施行）及保險法（未施行）係商事法，非商法法典也。我國最新立法雖號稱民、商合一，實則所合一者，僅爲通常屬於商人通例之經理人、代理商、及通常屬於商行爲之買賣、交互計算、行紀、倉庫、運送及承攬運送等。此種立法，學者時之，尙多歉詞。

第十七節 重要商稅

我國釐金制度，於民國二十年元旦實行裁撤，商困稍蘇。除關稅已另節說明外，茲將現行重要商稅，略述於左：

一、營業稅 營業稅爲地方收入，其課稅標準，分爲三種——由各省政府或市政府按照本地營業性質及狀況，分別酌定——卽：（甲）以營業總收入額爲標準，徵收其千分之二至千分之十；（乙）以營業資本額爲標準者，徵收其千分之四至千分之二十；（丙）以營業純收益額爲標準者，其稅率如下：（1）純收益額不滿資本額百分之十五者，徵收純益額百分之二至不滿百分之五；（2）純收益額合資本百分之十五，至不滿百分之二十五者，徵收純收益額百分之五，至不滿百分之七·五；（3）純收益額合資本額百分之二十五以上者，徵收純收益額百分之七·五至百分之十。營業稅以營業總收入額爲課稅標準時，其營業總收入額，年計不滿一千元者免稅。以營業資本額爲課稅標準時，其營業資本額不滿五百元者免稅。以營業純收益額爲課稅標準時，其營業純收益額不滿一百元者免稅。

二、印花稅　印花稅由財政部徵收，茲將其稅牽涉於商稅範圍者，略述如左：

發貨票　凡各業商店，售賣貨物成交後，隨貨開具載列品名數量或價目之單據，皆屬之。每件發票其貨價滿三元以上者，貼印花一分；滿十元以上者，貼印花二分；滿百元以上者，貼印花三分。

銀錢、貨物收據　凡收到銀錢或貨物後所立之單據皆屬之，但金融業存款收據除外。每件收據，其金額或貨價滿三元以上者，貼印花一分；滿十元以上者，貼印花二分；滿百元以上者，貼印花三分。

帳單　凡旅館、酒樓或其他工商業開列應付帳目交給顧客，憑以付款之單據，皆屬之。每件帳單，其金額滿三元以上者，貼印花一分；滿十元以上者，貼印花二分；滿百元以上者，貼印花三分。

支取或匯兌銀錢之單據、簿摺　凡各業商店或銀行所出記名或不記名憑以支取、匯劃、兌取或存放銀錢之單據、簿摺，皆屬之。單據每件貼印花二分；簿摺每件每年貼印花二角。

支取貨物之單據、簿摺　凡各業商店所出記名或不記名憑以支取貨物之單據、簿摺，皆屬之。單據每件貼印花二分；簿摺每件每年貼印花二角。

預定買賣貨物之單據、合同　凡預定買賣貨物載有品名或銀數之單據、合同，皆屬之。單據每件貼印花二分；合同每件貼印花二角。

經理買賣有價證券、生金、銀，或物品所用之單據、簿摺　凡經理買賣有價證券、生金、銀，或物品，所用之單據、簿摺等，皆屬之。單據每件貼印花二分；簿摺每件每年貼印花二角；合同每份貼印花二角。

寄存單據　凡各業商店貨棧或保管庫等，受他人寄存物品、文契等項，出給寄存人之單據皆屬之，每件貼印花二分。

儲蓄單摺　凡經理儲蓄之公私營業，出給儲戶，憑以收付儲蓄銀錢之單摺皆屬之，每件貼印花二分。

營業所用之簿册　凡各業商店或銀行，關於營業上所立之各種總分簿册皆屬之，每本每年貼印花二角。

輪船提單　凡輪船公司或其代理人或船主，受客商委託代運貨物，或銀錢所出憑以提取之單據皆屬之，每張貼印花二角。

轉運公司或行棧所發之提單　凡轉運公司或行棧，受客商委託代辦運輸貨物或銀錢出給客商，憑向到達地提取之單據皆屬之，每張貼印花二分。

保險單　凡保險公司出給投保者，遇有所保事項發生險故時，憑以取償所載保額之證單皆屬之，每件按保額每千元貼印花二分，其超過之數不及千元者，亦以一千元計。

股票　凡記名或不記名之各種股票，及不另發正式股票之認股字據皆屬之，每件按票面金額，每一百元貼印花二分，其超過之數，不及一百元者，亦以一百元計。

合資營業之字據　凡二人以上集資營業互相訂立之合同或章程等皆屬之，每件按金額每百元貼印花二分，其超過之數不及一百元者，亦以一百元計。

借貸或抵押單據　凡以信用或他種擔保或以貨物抵押，向人借貸銀錢或貨物所立之單據皆屬之，每件按金額每一百元貼印花二分，不及一百元者，亦以一百元計。

債券　凡公司或銀行經主管官署核准發行之記名或不記名債券皆屬之，每件按票面金額，每一百元貼印花二分，不及一百元者，亦以一百元計。

關於營業之各項許可證照　凡有主管官署核准發給有關營業之各項許可證照皆屬之，每照貼印花一元，專利及採礦執照，貼印花二元。

三、所得稅　下列營利事業所得，以純益額計算課稅。

(甲)凡公司、商號、行棧、工廠或個人資本在二千元以上，營利之所得。

(乙)官、商、合辦營利事業之所得。

(丙)屬於一時營利事業之所得。

甲、乙、兩項所得，按資本額計算者，應課之稅率，分為五級如左：

第一級、所得合資本實額百分之五，至不滿百分之十者，課稅千分之三十。

第二級、所得合資本實額百分之十至不滿百分之十五者，課稅千分之四十。
第三級、所得合資本實額百分之十五至不滿百分之二十者，課稅千分之六十。
第四級、所得合資本實額百分之二十至不滿百分之二十五者，課稅千分之八十。
第五級、所得合資本實額百分之二十五以上者，一律課稅千分之一百。
甲、乙兩項所得，不能依資本額計算者，依其所得額課稅，其稅率如左：
一、所得不滿一百元者，免稅。
二、所得在一百元以上至未滿一千元者，課稅千分之三十。
三、所得在一千元以上至未滿二千五百元者，課稅千分之四十。
四、所得在二千五百元以上至未滿五千元者，課稅千分之六十。
五、所得在五千元以上，每增一千元之額，遞加課稅千分之十。前項所得之課稅，其最高稅率以千分之二百為限。

四、鹽稅　鹽稅分為正稅、中央附加稅、地方附加稅、特種捐稅四種，分述如左：

甲、正稅　鹽稅之屬於正稅者，大別爲場稅及岸稅（又稱銷稅）兩種：凡鹽斤在起運前由產地鹽務機關所徵之稅，謂之場稅；其業經運到指定之銷岸，由銷地鹽務機關所徵之稅，謂之岸稅。正稅最普遍者爲場稅，場稅稅率之等差，以長蘆、遼寧、青海、河東、福建等區爲較整齊，全區僅有一種。此外，大抵均在二種以上，而以兩浙、淮南之場稅爲最複雜，全區多至十餘種。場稅外，兼徵岸稅者，爲湘、鄂、西、皖四岸，爲豫岸，爲桂岸。又有性質類似場岸稅者，爲閩鹽運浙運潮汕、廣州均於出場時分別徵收。鹽釐即係場稅性質，又如晉北除土鹽行外，所徵之蘆鹽、蒙鹽各稅，亦係場稅性質。潮橋所徵之閩鹽行銷橋上稅則，係岸稅性質。此外，如粤鹽行銷湘省，由粤代湘所收之統稅，以及晉北按鍋所徵之鍋稅，亦均屬正稅之一種。

乙、中央附加　中央附加原祇三種：一爲軍用加價，限於淮南食岸，浙江各銷岸原係帶徵一元，後因各岸情形不一，有酌減者；一爲善後軍費，凡淮、浙、魯各區，湘、鄂、西、皖四岸行鹽均帶徵三角五角，嗣亦有酌減者；一爲外債鎊虧，全國各區，一律帶徵三角，惟川北、廣東兩區略有減少。以上三項附加，當時係因餉糈及國信所關，特由中央核定徵收，藉補正稅之不足。二十年三月，奉令將各省所徵地方附稅概行劃歸財政部統一核收，於是所有各省原徵之各種地方附加，現在名義上均爲中央附加，並不僅限於以上三種矣。

丙、地方附加　國内軍興以來，各省往往於正税之外，任意徵收附加，有所謂軍政費、軍事費附加捐、協濟軍費、軍事附捐、護運費、保運費、省防附捐等名目不一而足。此外，各因地方需要情形，猶有其他名目之附加，大抵均由地方當局自行徵撥，中央無從過問。此種辦法，殊足阻礙國税之整理。中央特於二十年三月將以前所有地方附加劃歸中央統一收支，各省如有必需款項，地方暫難籌抵者，由中央酌量情形，分别由國庫協撥，作爲補助費，在當地鹽款項下撥付，以資應用；各省不得再就鹽税正税以外，另行加徵附加，並由國府明令制止。當經財政部將蘇、浙、皖、贛、湘、閩等省附税收回，繼又將魯、蘆兩區先後收回，統一徵收。

丁、特種附加　特種捐費，亦屬附税性質之一種，然不列入附加。稱爲特種捐費者，以此項捐費，皆因特種關係，或特殊事物而來，且多含有時間性，凡該事業經完成或停止，其捐費即應隨之停止。例如整理合區場產之整理費、建坨費、救濟十二圩勞工生計之籌備費、以及某區之河工捐、公路捐、剿匪捐等，無非因一時之關係而起，其性質自與附稅之固定且較普遍者有別。

民國二十年五月三十日，國民政府公布新鹽法，該法規定鹽就場徵稅，任人民自由買賣，無論何人，不得壟斷。食鹽稅每一百公斤一律徵國幣五元，不得重徵或附加；漁鹽每一百公斤徵國幣三角；工業用鹽、農業用鹽，一律免稅。施行日期，尚未定也。

第十八節　各省辦理營業稅之情形

營業稅之開辦，係抵補裁釐之損失，故自裁釐實行以後，財政部迭令各省市財政廳暨財政局，督促辦理。首先呈報開辦者，有江蘇、浙江、安徽、福建、湖北等省；續行籌辦者，計有河南、河北、山東、山西、湖南、陝西、綏遠、察哈爾、南京、北平、青島等省市，已占全國三分之二以上。其他，如江西因困於匪患，商業蕭條，雖將徵收章程呈部核定，僅舉辦磁器營業稅一稅，其餘普通商業之營業稅，尚在籌備；上海市以華洋雜處，關係重要，所訂徵收章程，於稅率量予酌減，於程序力求簡易，一俟籌備妥洽，卽可推行。至於廣東、廣西、雲南、貴州、四川、甘肅、寧夏、青島、新疆等省，或以時事多故，或因情形特殊，有已經開徵而未將徵收章程呈報核定者；有尙在徵收消費稅，特種營業稅，而未曾依法舉辦營業稅者。惟各省營業稅自開辦以來，除少數省份稍有成效外，大都發生阻礙未獲預期之效果，故第二次全國會議中議決整理營業稅辦法五項，皆有詳密之規定，會後卽由財政部通咨各省市參酌修正，藉杜流弊，而裕稅源。財政部以各省先後舉辦營業稅，對於營業稅之徵收狀況，亟應考核，經通令各省市財政廳局査報，二十一年份營業稅及與營業稅性質相同各項捐稅之實收數。呈報者已有十五省、市，核此數字，以浙江稅收爲最旺，次爲山東、河北等。

第十九節　發展商業之機關

一、國貨陳列館　政府爲提倡國貨起見，民國十七年創設首都國貨陳列館於南京，隸屬工商部（民國十九年改稱實業部），陳列本國出產之各種貨物，館內附設國貨商場，任人參觀國貨狀況外，並可購買所需用物品。各省已設置國貨陳列館者，有上海、杭州、天津、漢口、長沙、（以上各館，均附設國貨商場，）福州、濟南、青島等十餘處。

二、國際貿易局　民國九年，北京政府設全國經濟討論處於北平，以發展出口貿易及增進經濟知識爲宗旨。國民政府奠都南京後，工商部派員接收，改組爲工商訪問局，遷移上海。民國二十一年十二月，復改組爲國際貿易局，發展對外貿易，並從事國內外商業之調查、研究及統計之製作。此外又蒐集有關經濟商業之資料，並指導各業狀況，至該局出版之刊物有國際貿易導報（月刊）、中國經濟導報（英文週刊）、中國經濟誌（英文月刊），以及各種統計、調查報告之類。

第二十節　最近五年之對外貿易

第一款　民國二十年之對外貿易

二十年度，吾國之進出口貿易：進口增百分之八·一，出口減少百分之〇·八。純進口額爲一、四二七、五七四、〇〇〇兩（海關兩下仿此），較之十九年度之一、三〇九、七五五、〇〇〇兩，增加一一七、八一九、〇〇〇兩。純出口額爲八八七、四五〇、〇〇〇兩，較十九年度之八九四、八四三、〇〇〇兩，減少七、三九三、〇〇〇兩。進出口貿易總額（金銀及貨幣不計在內）爲

二、三一五、〇二四、〇〇〇兩，較之十九年度之二、二〇四、五九九、〇〇〇兩，總減少六九、〇三〇、〇〇〇兩。其中最可注意者，厥爲二十年度之進口超過出口，竟較之十九年度增加百分之三〇，價值達五萬四千餘萬兩合洋達八萬一千餘萬兩之鉅。超過出口達四萬一千四百九十餘萬兩，認爲我國貿易史中所僅見。不意今年竟扶搖直上，視此又增加一萬二千五百餘萬兩。查吾國自通商以來常處入超地位，自一八六八年至一九三一年，前後六十三年間，僅有六年爲出超之年。自一八七七年以後，殆以不復再見出超。雖在歐戰期內，如民國八年前後入超數目，曾大見減少，迨戰後卽又恢復。以民國元年至民國二十年間統計之，進口超過出口之總額共三十八萬一千五百餘萬兩，合洋五十七萬二千二百五十萬兩，而本年進口貨中仍以農產品爲大宗，如綿花、米麥、麥粉、煙草五宗，共値三萬八千四百餘萬兩。

中國進口貿易中各國所占之數量，向來日本居第一位，本年退居第二位，蓋自東北事變發生，國人抵制日貨運動風行，自九月以後，步步下降，十一月份之由日輸華貨價，僅及七月之三分之一。抵制日貨以後，轉向英、美定購棉紗疋頭，以及其他基本原料。英國以金鎊停止付現，價格低落，貨價隨跌，可與日本競爭。至印度因去年印棉價貴於美棉，故進口減少。本年進口貨值跌至八千四百萬兩，較十九年減少百分之三十七，因此英國由第四位而進爲第三位，美國一躍而占第一位，印度退爲第五位，德國進口年有增進，居第四位。

出口方面，因東北之豆類、雜糧及天津之棉花，均多運往日本，又以銀價跌落，所以本年我國棉紗出口數量較之去年又見增加，故日本居第一位，次則生絲、桐油蛋類、運美居多，故美居第二位，次則英、俄、荷、法等，與上年無甚出入。

二十年度進口貨中，以棉花爲大宗，棉織品次之，他如化學用品、金屬鑛物、麥、米、糖、油、煙草、紙張、建築材料、各項機器，皆爲出口之重要物品。出口土貨以豆類爲第一位，生絲次之，棉花、蛋及蛋製品、茶葉、鑛物、棉紗、絲織品、植物油、花生、芝蔴等，皆爲出口之重要品。進口貨中較之十九年度，其增加最著者爲棉花，計增三三、七二二、〇〇〇兩，小麥增加六八、九〇一、〇〇〇兩，煙草增加二二、一五〇、〇〇〇兩，毛織品增加二四、〇六八、〇〇〇兩，此外建築材料、化學用品、紙張、人造絲、機器，均有增加。減少者爲米，計減六〇、七九一、〇〇〇兩，棉織品減少二〇、八〇一、〇〇〇兩。此外，棉、麥粉、海產品、金屬、及鑛物均略減少。出口貨中較之十九年增加最著者爲棉花，增加二、一四五、〇〇〇兩，棉織品增加四〇、七七五、〇〇〇兩，棉紗增加一八、七三九、〇〇〇兩，豆類增加二二、一〇二、〇〇〇兩。此外，茶葉、絲織品、植物油、化學用品，均有增加。其減少者以蛋類減少一三、七二三、〇〇〇兩，生絲減少八、四九八、〇〇〇兩，爲較著外，無大出入也。

第二款　民國二十一年之對外貿易

我國二十一年對外貿易，較二十年進出口均大爲減退，揆厥原由，不外三端：向處於出超地位之東北各埠，全部淪陷，各該埠對外貿易數字，僅二十一年之上半年有之，下半年數字，則泯滅於無形，此其一；受世界經濟恐慌之震盪，我國對外貿易，愈形不振，此其二；中國關稅，實行增加，進口自受其妨礙，偸運之風，因以益厲，此其三。有此種種原因，故我國進出口貿易，均一落千丈，而尤以出口爲甚。考本年度對外貿易統計，進口爲十萬四千九百二十四萬六千六百六十一海關兩，較之去年之十四萬三千三百四十八萬九千一百九十四海關兩，減少三萬八千四百二十四萬二千五百三十三海關兩；出口本年度爲四萬九千二百六十四萬一千四百二十一海關兩，較之去年之九萬零九百四十七萬五千五百二十五海關兩，減少四萬一千六百八十三萬四千一百零四海關兩。輸入超過輸出爲五萬五千六百六十萬零五千二百四十海關兩，較去年增加三千二百五十九萬餘海關兩。如以百分數表示，則進口比去年減少百分之二六·八，出口減少百分之四五·八，幾及二十年度之半；進出口總計減少百分之三四·二，而入超則反增加百分之六·二。進出口猛跌之巨，我國對外貿易史上，歷來所未有也。

就商品品別而言：進口以洋米爲第一，爲值自二十年度之六千四百萬海關兩，增至一萬一千九百萬海關兩；棉花爲第二，爲值一萬一千八百萬海關兩；棉貨爲第三，約值七千二百萬海關兩；煤油爲第四，約值六千一百萬海關兩；金屬及鑛砂爲第五，約值六千萬海關兩；再其次爲小麥、糖、糧食粉及紙等。出口之豆類爲第一，約值五千一百萬海關兩；生絲爲第二，約值三千三百萬海關兩；蛋類爲第三，約值二千八百萬海關兩；豆餅類爲第四，約值二千六百萬海關兩；茶爲第五，約值二千五百萬海關兩；再其次爲棉花花生棉紗及皮貨等。

就本年度進口國別言之：美居第一，佔進口貿易百分之二五·四，日本居第二，佔百分之一四·

二；英自前年之第四位升居第三，佔百分之一一·二；德自前年之第五位升居第四，佔百分之六·八；印度自前年之第六位升居第五，佔百分之六·二；香港則自前年之第三位降居第六，佔百分之五·七；其次則爲法國、蘇俄、荷蘭等國。以本年度進口國別論之：則日仍居第一，佔出口貿易總額百分之二三·二；美居第二，佔百分之一二·二；英居第三，佔百分之七·六；德意志由二十年度之第八位升至第四位；俄國由去年之第四位降至第五位，法蘭西仍位第六，而荷蘭由第五位降至第九位。

第三款　民國二十二年之對外貿易

本年度進口貿易爲一、三四五、五六七、〇〇〇元，較上年度減二八九、一五九、〇〇〇元。出口貨爲六一一、八二八·〇〇〇元，較上年減一五五、七〇七、〇〇〇元。入超爲七三三、七三九、〇〇〇元較上年度減一三三、四五二、〇〇〇元。但入超數較出口數爲大，則與上年度同。本年度貿易額不復包括東三省數目，故總額益減。本年度出口之減，其主因由於棉花、米穀、棉織品、人造絲、砂糖、煙草等進口之激減。棉花輸出減退，在半數以上。本年度進口最多者，爲米，值一四七、〇〇〇、〇〇〇元，計二一、四二〇、〇〇〇擔，論值較去年減四千五百萬餘元，而論量則不過減一百零六十餘萬擔；於此可見米價之跌落，亦可見我國雖連年豐收，而米量之輸入不絕，民食之成爲問題，益爲顯明。其次爲棉，凡值九八、二〇二、〇〇〇元，計一、九九四、〇〇〇擔，再次則爲金屬及礦砂、小麥、煤油、雜類金屬製品、棉織品、紙、化學製品、機器、及工具與砂糖等，內小麥及雜類金屬製品較前爲增，其餘價值方面均較去年爲減。本年度出口之減，其主因由於豆類輸出之微，則東三省之喪失有以致之。去年度大豆出口因上半年度包括東三省在內，猶有七九、八〇八、〇〇〇元，本年度則僅四、七九一、〇〇〇元，相去懸殊。本年度出口最多者爲生絲，凡值五千七百萬元，其次爲棉紗，凡四千萬元。棉紗輸出之突增，爲本年度出口貿易上一大特點，惜輸出之棉紗，什九爲在華日廠所輸出，以運往日本、朝鮮爲多。又其次爲蛋類、茶葉、棉花、生熟皮貨、及桐油等。進口國別仍以美國爲首，計值二九七、四六八、〇〇〇元，其次爲英國、日本、德國、澳洲、荷屬東印度、安南及印度等。日本方面輸入，繼續減少，則因東三省輸入數字已不包括在內，非由於抵貨之之興奮也。出口國別以香港爲首，計值一二〇、九五五、〇〇〇元，與去年相彷彿，其次爲美國、日本、英國、法國、印度等。貿易港別，全國進出口半數以上之貿易，集於上海；進口方面，上海佔全部進口貿易百分之五四・一四，計值七三六、二二〇、〇〇〇元，其次爲天津、九龍、青島、廣州、汕頭、漢口及廈門等；出口方面，上海佔全部出口貿易百分之五一・五七，計值三一五、七五八、〇〇〇元，較去年度增六九、〇八九、〇〇〇元。生絲及棉紗出口之較爲踴躍，爲其主因。其次爲天津、廣州、青島、蒙自、汕頭、梧州、芝罘等。

第四款　民國二十三年之對外貿易

本年度進口貿易總值一、〇二九、六六五、〇〇〇元，較上年度減少三一五、九〇二、〇〇〇元。出口貿易總值五三五、二一四、〇〇〇元，較上年度減少七六、六一四、〇〇〇元。進口減少，由於我國人民購買力之薄弱；出口減退由於各國從事於限制進口。進出口相較入超爲四九四、四五一、〇〇〇元，較上年度入超減少二三九、二八八、〇〇〇元，進口減少，較出口爲甚，故入超亦較減也。進口之中，以商品論，則棉花爲首，計四五、九三四、〇〇〇關金單位，次爲米、煤油、糖、小麥、菸葉等。以國別言，則美國爲最大，計佔進口貿易值百分之二十六，次爲日本、英國、德國、荷屬東印度及印度等。出口之中，以商品而論，茶葉爲首，計三六、〇九九、〇〇〇元，次爲棉紗、蛋類、生絲、桐油、棉花等。以國別言，香港最大，佔出口貿易值百分之十九，次爲美國、日本、英國、印度等。至以埠別言，進出口貿易均以上海爲最重要，計進口佔百分之五七・八二，出口佔百分之五〇・八三，其次在進口方面爲天津、九龍、青島、廣州、漢口等；出口方面，爲天津、廣州、膠州、汕頭、蒙自等。

第五款　民國二十四年之對外貿易

我國國民經濟之凋敝，其表現於對外貿易者，爲進口與貿易總值之減少及出口之未能急遽增加。本年對外貿易，輸出計國幣九一九、二一一、三二二元，較去年之一、一一九、六五五、二二四元，減少一一〇、四五三、九〇二元，卽百分之一〇・六。出口額由上年之五三五、二一四、二七九元，增至本年之五七五、八〇九、〇六〇元，計增四〇、五九四、七九一元，卽百分之七・四。貿易總額爲一、四九五、〇二〇、三八二元，較上年之一、五六四、八七九、五〇二元，減少六九、八五九、一二一元，卽百分之四・四。入超爲三四三、四〇一、二六二元，較上年之四九四、四五〇、九四五元，減少一五一、〇四八、六八三元，卽百分之三〇・五。入超額當進口淨值百分之三七・三。較上年之百分之四八，減少百分之一〇・七。本年進口，米、穀仍佔進口商品之首位，其進口值且較上年增加至百之五二。第二位爲銅、鐵，價值較上年減少百分之九。機器居第三位，價值雖較上年增加百分之一七，然紡織機器則未見增加，發動機且有減少。棉花居第四位，價值較上年激減一半，因國内紗廠多陷於停頓狀態，棉花需要，當然減少也。出口商品中，以桐油居首位，較上年增加百分之五九。年來美國正致力於植桐，我國桐油，則大半恃銷於美，異日美國能自給時，則桐油自當減少，設不預爲之備，則桐油之國外市場，恐終不免爲絲、茶之續也。海外絲銷，本年稍有起色，蠶絲出口較上年增百分之四一以上，而居第二位，其中白絲輸出增加，黄絲則有減退。蛋及蛋產品之出口爲第三位，較上年增加百分之六。此外，棉花、花生、芝蔴等出口，均較上年增加；茶、棉紗、皮及皮貨、綢緞等，則均見減少。對外貿易之國別，美國居我國進口貿易之首位，日本則以對我國出口增至一千二百七十萬七千元，仍列次席；德國則竟代英國一躍而居第三位矣。至我國對各國之出口貿易，其次序無大更動，仍以美國居第一位，對美輸出之貨值，計增四千一百九十七萬五千元。香港原爲轉口之中心，乃由第一位退居第二位。次爲日、英兩國。法、德均無變動，惟由我國輸入之貨值，則較往年大增。

第二十一節　最近五年之主要工商業概況

第一款　民國二十年之工商業概況

一、紗業之競爭　國人自辦之工業，首推紗業，而中、日工業競爭最烈者，亦莫如紗業。全國之中國紗廠所有錠子，共為二百三十三萬六千餘錠，在華日本紗廠錠子，約一百五十餘萬，然以日廠資本雄厚，技術精良，組織完密，故雖如本年度抵制之激烈，工作時間之縮短，而上海日廠之產量，反多於中國廠家。計上海華廠出紗五十六萬包，出布十四萬七千件；上海日廠，出紗六十九萬七千包，出布二十一萬六千件。即以中國全國計之，華廠共出紗一百四十五萬八千包，出布三十五萬七千件；日廠共出紗一百萬零零八千包，出布三十一萬五千件。由此觀之，中、日相較，日廠之全體產量出布幾相等，出紗則多於紗錠比例應得之產額。本年度華廠增加六萬餘錠，而日廠增加十萬餘錠。

近來關稅增加，金價向上，進口細布價貴，紗廠本以出細紗為獲利之源，華廠更應乘此時機，增加產量，乃上海華廠所有之細紗錠子，祇佔總錠數之四成半，而日廠則占日錠總數之七成半。中國廠家若欲改易細紗錠，非短時間所能舉辦，是以本年度雖有抵制之舉，而日貨之需要如故。加以日本紗成本往往賣價低於國產，華北各省但計價之高賤，不論貨之中外，故黄河以北，幾成日紗之銷售區域，長江下游以及華南各省，則倡用國貨甚爲熱烈，日商雖較難插足，而日本紗業在中國之占優勢，已成明顯之事實也。

二、絲業之衰敗　中國絲業之品質價格與量數，均不能與日絲競爭。論品質，則繭種龐雜，機械陳舊，以致絲質高下不一；論數量，則年雖產五萬餘包，而品質不齊，不合美國大量生産之需要；論價則繭價高昂，繅折奇大，拆息稅捐，負擔奇重，成本大於日絲十之二三。在平時已難與日絲競爭，乃本年歐、美絲市日益疲滯，絲價暴跌，前年年底廠絲尚在一千兩外，本年四五月間，僅及九百餘兩，至年底降至八百兩；若以日絲價格合華絲價格，衹等於六百兩左右，乃中國廠方成本，均在千兩以外，虧耗太鉅，惟有觀望不售，結果各廠勢難支持，相率停閉。上海一百零七家絲廠工作者僅二十餘家；無錫四十九家中工作亦衹十餘家；其他蘇、鎮、杭、嘉、湖各廠，十之八九者已停閉。二十年度，江、浙廠絲輸出數量較之十八年減五分之二，較十九年減五分之一。十八年輸出爲五萬四千餘包，十九年減爲四萬二千餘包，本年度祇三萬二千餘包。廣東絲廠總數減去百分之四十，出口總數僅四萬六千餘包，比十九年減去一萬四千餘包，比十八年減二萬包。政府爲救濟起見，有絲業公債八百萬元之發行，然結果增加出口稅每包三十元。債券既不能在市面流通，而於絲廠復無所補救，而且增加出口之成本，可謂毫無計劃之救濟。

近年國人對於蠶種業漸知注意，此一年中，江、浙蠶種業之進步，蒸蒸日上，浙江蠶種產額增加一倍，江蘇在一倍之上。絲廠之中，亦有數家改用多條繅絲，以提高均勻程度，期合美國之需要。

第二款　民國二十一年工商業之概況

本年度因抵制日貨，提倡國貨及銀價不高各種實業尚有相當成績，然以市面不振，物價低落，營業總額已漸見低減，盈利更見微弱，非上年可比。茲將各業情形略述於左：

(一)紡織業　全國共有紗廠一百二十八家，開工紗錠四百四十九萬三千三百餘枚，比較二十年底，增加二十六萬五千一百三十餘枚，其中屬於華商紗廠者，計二百五十二萬二千三百餘枚，比較二十年底增加十四萬一千七百七十五枚。屬於在華日商者計共一百七十八萬七千七百八十餘枚，比較二十年底增加十萬零九千三百八十餘枚。全國中外紗廠出品，最近一年中，共計棉紗二百二十八萬三千八百九十八包，其中，華商紗廠出品僅約一百四十二萬七千九百二十包，日商紗廠出品，則有八十萬零五千九百七十九包。上海紗號全年營業，大都虧本，七十一家紗號之中，倒閉者共十七家。一二八事變發生，華商紗廠之被毀者一家，局部被毀者七家，其他各廠，因紗銷減少，無不大受影響。至廠布產量，計華商紗廠本年度之出品爲二十萬零六千餘件，在華日商紗廠所產棉布合二十五萬五千件。自東三省市場完全被佔後，我國本廠布及土布受極大之影響。統計上海一埠，現有棉商號六百三十四家，較諸往年減少三分之一，本埠棉布商之經營外貨者，無不虧折，惟推銷國貨棉布之家，稍有利潤。至於小布廠則因日貨跌價競爭，及出品滯銷關係，僅能苟延殘喘而已。

(二)棉織業　中國之棉織業，亦以上海爲中心，統計本埠棉織業五十四家之中，被日軍礮火所毀者十六家，較大之廠，均在戰區之外，故未波及。棉織廠之中，專事織造汗衫及衞生衣者共八家，全年營業三百八十餘萬元，較上年度減少七十餘萬元，本年度以物價跌落，故斯業中接受大量定貨者，無不虧折。

（三）繅絲業　本年度中國生絲產業之衰落特甚，上年度我國生絲出口總數，共計十三萬三千餘擔，而本年度總數祇有七萬六千六百餘擔。且合美國銷路者，日見其少，去年美國購進生絲五十四萬七千九百包，其中日貨佔五十一萬三千包，而華絲僅一萬八千包而已。運往印度者，則增加一倍有半；運往歐洲者亦與上年數量相彷。惟價格低落，絲廠無不虧本。本年度絲廠開工者，無錫四十七廠中，祇開九家，上海九十七廠中祇開十一家。

（四）絲織業　綢緞為我國特產之一，近來國際經濟衰落，對於我國綢緞進口關稅增加，而在南洋、安南、印度，則近年受日貨排擠，東北市場又被侵奪，故生產額隨銷路而大減。上海絲織廠五百六七十家，繼續開工者祇二百四五十家。本年度之營業，較上年減少百分之三十強。杭州綢廠自九百餘家減至二百餘家；南京、蘇州各綢廠，更無起色。

（五）其他各業　麵粉業則本年上半年萎靡不振，下半年日漸暢旺，故斯業頗為發達。捲煙業全年統計全國出品約計一百四十餘萬箱，共值一萬六千八百餘萬元，較上年度減少百分之十，滬上各廠，大都無利可圖。其較大者，如南洋、英美、華成各公司，均有相當利潤。橡膠廠在本年度大見增加，香港、青島均設新廠，上海方面增加二十餘家。但生產增加，而銷路不旺，致成供過於求之現象，結果去年橡膠廠營業多數有虧無益。機器工業，近年頗見發達，國內工廠所用之各種輕工業機器，均能仿製，成本較舶來品減少三分之二。上海一埠現有機器工廠大小五六百家，其中加入公會而認爲規模稍大者計一百零七家，全年營業總數約計一千一百餘萬元，較上年度減少三分之一。化裝品統計上海化裝品工廠七十餘家，上年度營業總額超過八百萬元，本年則不足五百萬。油漆業上海方面較大者祇四家，本年全體營業，約計二百九十萬元，較上年度增加十分之一。搪瓷廠營業共計三百五十餘萬元，較上年度減少百分之三十六。熱水瓶廠在滬戰期內，大受損失，然恢復甚速，本年全體營業總數與上年相仿，約計二百七八十萬元。

第三款　民國二十二年工商業之概況

（一）紡織業　二十二年度棉紗價格跌落之鉅，爲十年來所未有。二十一年度標紗最低價爲一百九十三元，本年度爲一百六十六元；本年上海客幫銷路，僅二十一年之七成，不及二十年之半數，若與災患以前之十九年相較，南方及長江均減其半，北方則低減五十分之一。據二十二年三月調查數目，全國紗錠，計五百零一萬九千九百十七枚，較去年增加三十二萬二千六百三十七枚，較前年增加五十七萬五千六百十七枚。在此種現象之下，不得不各謀生存，於是外商紗廠與中國紗廠相競，內地紗廠與通商口岸之紗廠相競，北方紗廠與南方紗廠相競，競爭愈烈，生存愈艱。概括言之，全國紗廠，虧多盈少，即有盈餘者，亦迥不如去年。若以日本紗廠與中國紗廠較，則日本紗廠成本愈減愈輕，出品日見精良，復有南洋、印度之出路，故迥非中國紗廠所可望其項背。以內地紗廠與通商口岸紗廠相較，則內地紗廠工人易於訓練、管束，工作效力較高，且或則接近消費市場，或則接近原料產地，故勝於通商口岸紗廠實多。北方紗廠向以東北爲大宗尾閭，近則去路斷絕，故營業較之南方紗廠，更屬艱難。顧以適者生存之原則言之，競爭愈烈，則改進愈速，其缺乏知識管理腐敗者，自然淘汰，其技術精良，管理合理者，即能生存也。

（二）麵粉業　麵粉廠集中於南方，而去路向以東北爲大宗，次則北方。國粉之銷於東北者，約有四百萬包，近不過數萬包；北方近有日粉、俄粉，廉價傾銷，天津當地粉廠，已受打擊，南方粉廠之去路更狹，則以南粵一帶地方不靖，人民購買力薄弱，商家不敢屯貨，尤以本年各地麥子豐收，鄉村農民食用土磨之粉，粉銷更滯。同時美國粉麥借款之成立，正値新麥上市之際，於是粉價狂落，開數十年未有之低價，自二元六七角跌至二元左右。各廠存貨堆積，上海存貨最高之額達三百餘萬包；天津、漢口亦有二百餘萬包，不得已於中秋節後，宣告停工。停工後以工人生計關係輪流開車，其停閉者有天津之民豐及寧波之立豐。以本年度麵粉業大體言之，原料與粉價同時並跌，其隨製隨拋者，大半尙可獲利，且不若紗業之有外商競爭，祇須謹愼從事，不至有大虧損。近復有洋粉進口稅之徵收，廠商不無喘息之機。

（三）繅絲業　二十二年度業絲者，以上年度多數虧折，均謹愼從事，卽農民養蠶，亦不敢擴大，差幸天時順利，繭量較多，繭價不大，廠商購進春繭後，絲價忽漲，稍能獲利，及夏秋二熟，繭價擡高，而外國絲市步步趨跌，廠商均反盈爲折。本年度出口較上年雖增加百分之十八，然絲價之跌，則甚於上年。美銷絲價上年度最高八百九十五元，最低六百四十元；本年度最高九百五十元，最低則僅五百元左右，且最高之價，不過曇花一現。本年春秋繭本平均在七百元，加繅絲工資及其他開支約一百五十元卽每擔成本約須八百元以上，乃絲價跌至五百餘元，是以業絲者十九虧折。江、浙兩省絲廠共一百一十餘家，而年底繼續開工者祇上海廠五六家，無錫十餘家，浙江六七家，不及十分之二，故絲業之衰敗，已達極嚴重之時期矣。

第四款　民國二十三年工商業之概況

我國工商業，本年因物價跌落，一般人民購買力下降，及舶來品之傾銷，非惟無所進展，且有日就衰頹之趨勢。就中以繅絲業爲最，其他如紡織、麵粉、火柴及日用品等，亦皆有衰落，惟程度稍有不同耳。茲略述其概況如後：

紡織業　本年紡織業最感困難者，厥爲棉紗價格之跌落程度，較棉花價值之跌落爲甚。二十二年標紗全年平均價每包爲一八六·二〇元，而本年全年平均僅一七三·六五元，爲近十年之最低數字，與上年相較差十二元七角五分，或百分之六·八四。標準棉花二十二年平均每擔價爲四四·一〇元，二十三年爲四三·七五元，雖有跌落，僅當百分之〇·七九，尚不及百分之一。至棉紗製成品，布價之跌落，則又較紗價爲甚，十五磅粗布本年平均價爲六·四五元，較上年平均價最低價七・一〇元，減少百分之九・一五。加之本年新稅則實施後，棉貨進口之稅率減低百分之十至五十，而棉花進口之稅則，則增高百分之四十三，在國內長絨尚無充分供給之時，紗業受此影響，較難進展。

本年全國紗廠總數爲一三六廠，華商九十二廠，日商四十一廠，英商三廠。紗錠數四、七三一、一四六枚，較上年增一一九、七八九錠。其中，華商佔二、七四二、七五四枚，當百分五七・九七，增加錠數一〇五、三四一，佔總增加數百分之八七・九。綫錠共四四〇、四三四枚，華商佔一四三、〇二四枚（百分之三二・四七）。布機共四二、八三四架，華商佔二〇、九二六架（百分之四八・八五），較二十二年均有增加。環境雖不良，然爲圖存計，各紗廠亦惟有以堅忍精神奮鬭而已。

本年停工或減工之趨勢，並未因錠數增加而減少。據紗廠聯合會之統計，本年上半年停工錠數較上年下半年增加一〇四、九三三錠。停工時數約爲四週，減工既有增加，存底因形減少，同時紗價低落，交易尚形興旺，今年凡三一九、九二三包，較上年增百分之三四・八七。

絲綢業　本年絲綢業最爲不振，以上海一埠言，原有繅絲廠一百十二家，年初因絲市凋敝，僅兩家勉強開工，迨春繭發動，海外絲場略見活動，絲廠遂漸開工，然亦不過三十三家。八九月間海外絲市慘跌，日絲且積極貶價，絲價益疲，徵銀出口稅後，雖曾一度興奮，終因銷路不暢，旋亦呆滯。年終開業者僅十五六家耳。他如無錫本年最盛時，不過三十三家。蕭山、嘉興、海寧等地，開工者亦僅十餘家。川、粵各地，亦屬一落千丈，景況蕭條，絲織業亦同其命運。以上海言，二十二年綢廠尚達三百八十七家，織機四千七百八十餘架，本年勉強維持營業者僅三百家上下，織機二千五百架，約減少二分之一。綢緞商店之倒閉者，亦時有所聞，絲綢業之衰落，可以概見。

麵粉業　我國麵粉業以上海、天津、無錫、漢口爲中心，本年開工者九十三廠。據稅務署之統計，一月至九月間，生產數量爲四六、二一八三、三九三包，較上年同期增百分之一一・二五，銷售量爲五二、八〇〇、四八三包，較上年同期減少百分之二・九四。生產增而銷售減，因之存底豐厚，市價步跌。以標粉言，五月每包曾跌至最底價一、九三三元，六月以後，因久旱不雨，同時美國及加拿大小麥亦告歉收，價乃漸漲。九月間，新穀登場，米價下跌，粉價隨之疲軟，加之國外粉市跌多漲少，市上存粉又告充斥，粉價乃又趨下落，統計全年標粉平均價每包二、四〇九元，較二十二年微跌百分之・〇三。

此外，火柴、捲煙、造紙、搪瓷、橡膠、熱水瓶、化粧品、針織等業，或以稅率加重，或以外商傾銷，或以同業競爭，皆銷路不振，每況愈下。唯榨油、水泥、煤業等，尚堪維持。一般商業，因物價跌落，開支浩繁，均屬虧多盈少，因週轉不靈而倒閉者，爲數不少。例如本年平均天津每月約有二三百家，徐州倒閉之商店已六七百家，僅存一千六百餘家，蓋整個經濟狀態如此，非盡人謀之不臧也。

第五款　民國二十四年工商業之概況

本年度我國工商業，除生絲及麵粉業稍見轉機外，其餘各業產銷，均趨衰落。自政府十一月四日施行法幣後，外匯漸臻平穩，物價高漲，各業漸有起色。茲述二十四年度重要各業情形如左：

棉紗業　我國棉紡業，承連年衰落之後，本年實爲十餘年來最惡劣之一年。就紗廠減工率言，本年上半期之紗廠，減工率增至三・七二，六月底全國華商紗廠九十二家中停工者二十四廠，減工者十四廠，幾又百分之四十。開工錠數計四、八〇九、五五九錠，停工錠數計一、三四四、九八六錠。考本國紗廠減工、停工大增之原因，當爲金融之緊縮。本年全國棉紗生產量粗紗計三、二一九八、五〇四公擔，細紗計七、二五六、一一八公擔，其他紗計七一、五二九公擔，共計四、〇九五、六四五公擔。華商佔總數百分之六八·九〇，日商占百分之三〇·二，英商占百分之一。上海現紗銷路一二月間洋拆高漲，現銷低落，每月在二萬包以上，因本年紗廠厲行減工及停工，存紗減少，但紗價反跌，自財部施行法幣後，國內棉價大漲，棉產歉收，棉價大於棉紗之漲率。

生絲業　依江、浙兩省春秋二季及晚秋繭產估計，應產生絲六萬擔，較上年增百分之三十。絲廠開工，各月不同：本年開始，江、浙僅二十餘家，六月後，月有增加，十月份內上海計三十八家，無錫計四十一家，浙江計十家，共計五百九十四家，絲車共二萬四千餘部，爲全年最盛時期。至十一月期，絲銷漸滯，相率停工。十一月底，江、浙僅五十餘家。上海生絲輸出數量，較去年大增，本年十一個月，輸出達四八、〇八八包，增加二倍以上。廣東輸出減少，僅達一八、一九二包，內銷額約一萬餘包，較去年減百分之五十。惟本年生絲市況，變遷甚鉅，中等廠絲每擔最低價約五百元，最高價達九百餘元，爲近來所未有，故本年生絲業實有勃興之氣象。

麵粉業　麵粉業，在金融緊縮之下，營業尚稱平穩。本年上半期，全國麵粉生產量計三七、六

九五、〇一三包，較去年增加百分之三六。減工及停工頗不一律，停業者三廠，新開者五廠，銷路亦屬不惡。本年上半期全國麵粉銷量爲三九、五〇〇、二四五包，較去年同期增百分之一八，市價堪稱穩定。最高價爲十一月份之三・一三元，最低價爲六月份之二・二四元。

中華民國二十五年十二月初版

(35303·9)

中國文化史叢書 中國商業史一冊
每冊實價國幣貳元肆角
外埠酌加運費匯費

著作者 王孝通
主編者 王雲五 傅緯平
發行人 王雲五 上海河南路
印刷所 商務印書館 上海河南路
發行所 商務印書館 上海及各埠